»TEXTE ZUM NACHDENKEN«

Herausgegeben von Gerhard Wehr
Begründet von Gertrude und Thomas Sartory

Band 1711

»Texte zum Nachdenken«
In den Büchern der Menschheit ist eine Fülle von Texten zu finden, die das Bewußtsein weiten und verändern, die Seele wandeln. Vorausgesetzt, man liest diese Texte wieder und wieder, läßt sie immer tiefer eindringen in Geist und Herz. Hier trennt nicht die Fremde der Zeit oder die Ferne der Kontinente, denn in tieferen Schichten der Seele sind alle Menschen einander verwandt.
Diese seit Jahren bewährte Reihe der Herderbücherei wurde von Thomas und Gertrude Sartory begründet. Eine Reihe von Dichtern und Denkern, Heiligen und Weisen kamen in ihr bereits zu Wort. In jedem Band wird eine andere Gestalt oder Tradition für Leser von heute erschlossen, jeweils unter einer Fragestellung, die uns in unserer Zeit besonders bewegt. Die schöne Gestaltung eines jeden Bandes, lädt zum verweilenden Lesen ein, aber auch zum Verschenken.
Heute führt Gerhard Wehr als Herausgeber diese Reihe weiter.
Seine Anschrift:
Händelstr. 17, 8501 Schwarzenbruck bei Nürnberg

Dieses Buch ist der 70. Band in der Reihe
»Texte zum Nachdenken«.

Susanne Schaup, 1940 in Wien geboren, Studium der Anglistik und Germanistik in Wien, USA und Salzburg. Zunächst Lektorin für deutsche Sprache an der Universität London, danach als Lektorin in Münchner Verlagen tätig. Susanne Schaup lebt heute als freie Übersetzerin und Schriftstellerin in München.

EMILY DICKINSON

ICH WOHN' IM HAUS DER MÖGLICHKEIT

ZEUGNISSE EINER UNBEHAUSTEN
GEDICHTE UND BRIEFE

Zusammengestellt,
aus dem Amerikanischen
Übertragen und eingeleitet
von Susanne Schaup

HERDER TASCHENBUCH VERLAG

Veröffentlicht als Herder-Taschenbuch
Buchumschlag: Willy Kretzer

Gesetzt in der Times-Antiqua (Digiset)
Herder Freiburg · Basel · Wien
Gesamtherstellung:
Offizin Herder in Freiburg im Breisgau 1990
ISBN 3-451-08711-1

INHALT

EINFÜHRUNG

Aus einer Lebensnot, über die in späteren Generationen so viel gerätselt wurde, daß ein Mythos entstand, schrieb die einunddreißigjährige Emily Dickinson an den bekannten Literaturkritiker Thomas W. Higginson und bat ihn um seine Meinung über einige beigefügte Gedichte: »Sind Sie zu sehr beschäftigt, um mir zu sagen, ob meine Verse leben?« Higginson fand ihre Gedichte bemerkenswert, riet jedoch von einer Veröffentlichung ab. Diesem Urteil unterwarf sie sich bedingungslos. Nur sieben Gedichte erschienen zu ihren Lebzeiten, zum Teil gegen ihren ausdrücklichen Wunsch. Als Emily Dickinson im Jahre 1886 starb, wußten ihre engsten Freunde und Verwandten zwar, daß sie Gedichte schrieb, aber kaum einer wußte, wer sie wirklich war: eine große Lyrikerin, vielleicht die bedeutendste Lyrikerin der Vereinigten Staaten.

Daß eine unverheiratete Dame der besseren Gesellschaft sich poetisch erging, war zu ihrer Zeit freilich nichts Ungewöhnliches. Man schickte sich zum »Valentinstag«, dem 14. Februar, gereimte »Valentines«, schloß sich in schöngeistigen Zirkeln zusammen, tauschte sich über Bücher aus. Emily Dickinson wird von ihren Freunden als ein lebenslustiges, geistreiches junges Mädchen geschildert. Sie war gesellig, glänzte durch ihren Witz, der einen Stich ins Satirische hatte, und war ihren Freunden wie ihren Lehrern in herzlicher Liebe zugetan – aber eine große Dichterin?

Das ganze Milieu sprach dagegen. Die Familie, der sie entstammte, war gutbürgerlich, praktisch veranlagt und in der Kleinstadt Amherst in Massachusetts hoch angesehen. Seit den Zeiten ihres Großvaters Samuel Fowler Dickinson hatten die Männer sich hervorgetan durch Tüchtigkeit und Gemeinsinn. Von den Frauen erfuhr man wenig. Emily Dickinsons Mutter war eine typische, unterwürfige Ehefrau, die in der Sorge um das Wohlergehen der Familie und den stattlichen Haushalt aufging. Der Vater, Edward Dickinson, hatte sich auf ein »rationales Glück« eingestellt und dieses mit Fleiß, puritanischem Pflichtbewußtsein und jener Sparsamkeit und Strenge der Lebensführung erworben, die auch Emily und ihren Geschwistern in die Wiege gelegt wurden. Die Dickinsons waren wortkarge Menschen, zurückhaltend in ihren Gefühlsäußerungen, diszipliniert, aufrecht und zuverlässig, noch nicht allzu weit entfernt vom Pioniergeist ihrer puritanischen Vorfahren. Sie machten aus ihrem Herzen keine Mördergrube, aber auch keinen Marktplatz. Ein Thema jedoch, für moderne Menschen fast ein Tabu, war in Neuengland öffentliche Sache: die Religion. Das Leben im 19. Jahrhundert war durchtränkt von Religion, wie man es sich heute kaum vorstellen kann. Am Sonntag ging man gewöhnlich zweimal zur Kirche, Predigten waren Tagesgespräch und wurden in Zeitungen abgedruckt, gemeinsames Beten in der Familie und Lesungen aus der Bibel waren selbstverständlich. Der Puritanismus, der im 17. Jahrhundert die ersten englischen Siedler an die Küste Neuenglands gebracht hatte, war noch lebendig, mit seiner Größe und seiner Bürde. Die Sorge um das Seelenheil konnte zu einer Gefahr werden, wenn sie in Selbstgerechtigkeit und Heuchelei umschlug. Sie konnte sich trennend zwischen Menschen stellen und zum äußeren Verstummen führen, wenn die Zwiesprache mit der Seele für höher galt als der Verkehr mit den Menschen. Auch das war das Erbe von Emily Dickinson. Wie ein Landsmann und Zeitgenosse, Samuel G. Ward, schrieb:

»Sie ist die Quintessenz jenes Elementes, das wir alle besitzen, die wir puritanischer Herkunft sind, pur sang. *Wir kamen in dieses Land, um unsere eigenen Gedanken zu denken, ohne daß uns jemand daran hinderte ... Wir hielten Zwiesprache mit unserer Seele, bis uns die Kunst der Verständigung mit anderen Menschen verlorenging. Die typische Familie wuchs so auf, daß man einander fremd war ... Das war schrecklich* erhaben, *aber auch schrecklich einsam. Eine solch ungeheuerliche Verschlossenheit gibt es sonst nirgends.«*

Andererseits kamen aus dieser Tradition Männer wie Ralph Waldo Emerson und der Dichter Nathaniel Hawthorne, die dem tiefen, aber verstummten, zum Teil erstarrten, inneren Leben eine Stimme gaben. Auch Emily Dickinson war eine solche Stimme – hinter verschlossener Tür, ungehört in ihrer Zeit, so fremd und neu, daß auch Berufene wie T. W. Higgin-

son, der Entdecker junger literarischer Talente, sie nicht erkennen konnten.
Man hat dem Vater oft die Schuld für ihr extrem zurückgezogenes Leben zugeschoben. Davon kann in Wirklichkeit kaum die Rede sein. Edward Dickinson war ein Patriarch, aber kein Despot oder Familientyrann. Seine Gebote konnten unterlaufen werden, so zum Beispiel, wenn verbotene, das heißt weltliche Bücher ins Haus geschmuggelt wurden. Ihm hätte die Bibel genügt. Wie Emily Dickinson, wohl halb im Scherz, an Higginson schrieb: »Er kauft mir viele Bücher, bittet mich jedoch, sie nicht zu lesen, da er fürchtet, daß sie den Geist zerrütten.« Er ermöglichte Emily und ihrer Schwester Lavinia die beste Ausbildung, die für Mädchen in den Vereinigten Staaten damals zu haben war. Zuerst besuchten sie die Amherst Academy, eine Art Elitegymnasium, dessen fortschrittliche Lehrer solide naturwissenschaftliche Erkenntnisse mit unerschütterlichem Gottesglauben zu verbinden wußten. Danach wurde Emily in das nur wenige Meilen entfernte vorzügliche College für Mädchen, Mount Holyoke, geschickt. Frauen in Europa mußten im Vergleich dazu noch über ein halbes Jahrhundert warten, bevor die Tore der Hochschulen sich auch für sie öffneten. Daß Emily Dickinson ihr Studium nach einem Jahr abbrach, ist mehr auf ihre schwache Gesundheit und ein unüberwindliches Heimweh zurückzuführen als auf den strikten Wunsch des Vaters, sie an das Elternhaus zu binden.
Die Wahrheit ist, daß Emily Dickinson ihre Familie und ihr Elternhaus liebte. Ihr Großvater hatte das stattliche Haus, das Dickinson »Homestead«, er-

baut; sie wurde 1830 darin geboren und verbrachte hier den größten Teil ihres Lebens. Es ist gut erhalten und kann besichtigt werden, mitsamt der Stube im Obergeschoß, in dem vermutlich die meisten von Emily Dickinsons Gedichten entstanden sind. Sie verschloß sie in einer Truhe, zum Teil in gebundenen Heften, zum Teil auf losen Zetteln, in einer immer schwerer zu entziffernden Handschrift. So fand sie ihre Schwester nach Emily Dickinsons Tod.

Seit etwa ihrem vierzigsten Lebensjahr verließ sie das Haus nicht mehr. Schon Jahre zuvor ging sie nur ungern aus ihrem Garten und stellte Besuche fast gänzlich ein. Außer den engsten Angehörigen bekam sie fast niemand zu Gesicht. Jahrzehnte ihres Lebens spielten sich in diesem geräumigen, fast herrschaftlich zu nennenden Elternhaus ab. Als in späteren Jahren gelegentlich eine Freundin zu Besuch kam, um der musikliebenden Emily auf dem Klavier vorzuspielen und für sie zu singen, ließ die Dichterin sich niemals sehen. Sie lauschte einen Stock höher hinter angelehnter Tür und schickte als Dank für die Darbietung ein Glas Sherry mit einer exquisiten Blüte aus ihrem Garten oder einem Gedicht, das sie für diese Gelegenheit verfaßt hatte. Kindern – die sie sehr liebte – ließ sie manchmal ein Körbchen mit Naschwerk an einer Schnur hinab. Sie galt als hervorragende Köchin, und ihre selbstgebackenen Kuchen und Brote waren berühmt. Zeitlebens legte sie im Haushalt mit Hand an und führte zusammen mit ihrer Schwester Lavinia die Wirtschaft, als ihre Mutter hinfällig wurde. Jahrelang pflegte sie die schließlich gelähmte und bettlägrige Mutter. Mit Hingabe widmete sie sich ihrem Garten, und unter ihren Händen gediehen Blumen auf wunderbare Weise. Was für andere trivial und alltäglich ist, wird für sie Anlaß zum Staunen, ein Raum und Zeit sprengendes Ereignis. Das Singen der Vögel, der Sommerhimmel, die Gewächse – vom bescheidenen Gänseblümchen bis zur glühenden Rose –, das Volk der Bienen, Raupen und Schmetterlinge – alles wird zum Träger einer überirdischen Botschaft. Selten ist ein Ding nur das, was es scheint. Ein Weltall steckt darin, ein Hauch von Ewigkeit, ein Wink Gottes. Farben, Düfte, Klänge, Bewegung weisen oft auf eine größere Wirklichkeit, an die Auge und Ohr, äußere und innere Sinne sich erst gewöhnen müssen. Wer wie Emily Dickinson im eigenen Garten einen Kosmos ausschreitet, wem ein Blick über den Zaun genügt, um bis ans Ende der Welt und in das Innerste der Dinge zu reisen, hat in der äußeren Welt in der Tat nichts versäumt und kennt keinen Augenblick der Langeweile. In ihrem ersten Gespräch mit Higginson sagte sie: »Leben ist für mich Ekstase – das bloße Gefühl, am Leben zu sein, ist Glück genug.« Später schreibt sie ihm einmal: »Das Leben ist so aufregend, daß es nur wenig Raum für andere Beschäftigungen übrig läßt.«

Der »Mythos« Emily Dickinson erweist sich bei näherem Hinsehen als eine Erfindung, geboren aus dem Bedürfnis, ein ungewöhnliches Leben mit unkonventionellen Entscheidungen zu mystifizeren. Man dichtete ihr einen Liebeskummer an, der sie angeblich bewog, sich aus gebrochenem Herzen von der Welt zurückzuziehen. Eine solche Liebe hat es möglicherweise gegeben, und in ihrem Nachlaß finden sich erschütternde Briefe an einen unbekannten Empfänger – die »Master Letters«. Um diese Zeit – im Jahre 1862 – wandte sie sich an Higginson und gestand ihm später, daß er durch seine Ermutigung und durch seine Bereitschaft, ihr literarischer »Präzeptor« und Freund zu sein, ihr Leben gerettet habe. Um dieselbe Zeit erwachte ihr dichterisches Genie mit einer Kraft, die einer Naturgewalt gleicht. Die meisten ihrer Gedichte stammen aus den Jahren 1861–1865. Mit einem Sprung erreichte sie Meisterschaft. Das langsame Herantasten an ein Thema, die allmähliche Entwicklung von Formvermögen und Stil scheint bei ihr nie stattgefunden zu haben. All dies, was so plötzlich über sie hereinbrach, als sie um die dreißig war, wäre aber noch kein Grund, sich so von den Menschen abzusondern, daß sie die »Nonne von Amherst« genannt wurde. Auch der Vater war es nicht, der sie etwa aus eigensüchtigen Motiven festgehalten hätte. Die neuere Forschung macht plausibel, daß sie aus freiem Entschluß ihr ungewöhnliches Leben in Klausur führte, weil sie es dem Leben, wie sie es vorfand, vorzog. Andeutungen in dieser Richtung finden sich genug. Auf Higginsons Frage, warum sie sich »von Männern und Frauen« abwandte, erwiderte sie in der für sie charakteristischen, halb scherzhaften Art: »Sie sprechen laut von geheiligten Dingen – und bringen meinen Hund in Verlegenheit – er und ich haben nichts gegen sie, solange sie auf ihrer Seite bleiben.« Oder in dem bekannten Gedicht »Ich war die Schmächtigste im Haus« (S. 49) heißt es: »Das laute Leben ertrug ich nicht – der Lärm beschämte mich.« Die Dickinsons waren eigenwillig, und Emily wußte von klein auf, daß etwas Besonderes sie mit den geliebten Geschwistern verband, dem älteren Bruder Austin und der jüngeren Schwester Lavinia (Vinnie), etwas, das sie von anderen Menschen trennte. War es der scharfe Blick für die Schwächen und Ungereimtheiten im Verhalten der Menschen? War es eine Art eingefleischte Aufrichtigkeit, die sie jede Heuchelei durchschauen ließ? War es die Gabe des Wortes, die sie von anderen unterschied? Sogar der schweigsame, beinahe stumme Vater, Rechtsanwalt von Beruf und Politiker, konnte sich im öffentlichen Amt zu Reden aufschwingen, die seine Zeitgenossen tief beeindruckten. Die Dickinsons wußten, daß sie etwas Besonderes waren, und zwar nicht nur, weil sie zu den prominentesten Familien von Amherst zählten. Das »Aristokratische« in seiner demokratischen, neuenglischen Ausprägung lag ihnen im Blut. Sie waren einfach die Besten und Tüchtigsten in der ursprünglichen Wortbedeutung von Aristokratie. Sie besaßen Ideale, Lebensart, Kultur. Der Großvater hatte das Amherst College gegründet. Vater und Bruder dienten dieser Institution, die wachsenden Ruf genoß, als Schatzmeister. Klassische Bildung war eine Selbstverständlichkeit, und einmal im Jahr gab das Haus Dickinson einen großen Empfang für die Fakultät und die Studenten des College. Aber wenn Emily Dickinson sagt: »Es gibt immer etwas, wofür man dankbar sein muß – man selbst zu sein, und nicht irgend ein anderer«, klingt darin mehr an als Familienstolz, nämlich das Bewußtsein, eine unverwechselbare Identität und eine eigene Bestimmung zu haben. Im Kreise ihrer Familie lebte sie ihr äußerlich ereignisloses Leben, Sommer und Winter weiß gekleidet, eine unverheiratete Frau, die sich im Haushalt nützlich machte, Blumen züchtete, Kranke pflegte, Briefe und Gedichte schrieb, von denen wenige etwas wußten. Schon in ihrer Jugend hatte sie es nicht vermocht, sich lange von ihrer Familie zu trennen. Als der Bruder ihre beste Freundin, Susan Gilbert, heiratete, bezog er das Nachbarhaus, und der familiäre Verkehr zwischen den Geschwistern setzte sich bis zum Tode Emily Dickinsons fort.

Seit ihrer frühen Jugend litt sie unmäßig unter Trennungen. Als Freundinnen fortzogen und heirateten, als Jungmädchenfreundschaften sich durch Entfernung oder Entfremdung auflösten, versuchte sie mit Briefen die Trennungen zu überwinden, und litt, wenn Antwort auf sich warten ließ oder nicht so ausführlich war wie ihre eigenen Briefe. Der Tod, der unüberbrückbare Trennungen schuf, begleitete sie ihr ganzes Leben und lenkte früh ihren Blick auf das Jenseits. Der Tod ist eines der wichtigsten Leitmotive ihrer Dichtung – der Schmerz über den Verlust geliebter Menschen, das Grauen, die Zweifel gegenüber den Tröstungen der Kirche, das bohrende Verlangen, den Tod zu ergründen; dann plötzlich die Gewißheit einer Existenz nach dem Tode. Theologisch lassen sich diese blitzartigen Einsichten nicht fassen. Emily Dickinsons Frömmigkeit und Jenseitsglaube sind ganz und gar unorthodox. So war es bereits in ihrer Jugend, als Amherst von den Wogen einer Erweckungsbewegung erfaßt wurde. Es war üblich, den Gebetsversammlungen beizuwohnen und sich öffentlich zur Wiedergeburt in Jesus Christus zu bekennen. Erst dann wurde man als ordentliches Mitglied einer Kirchengemeinde aufgenommen. Die ganze Familie Dickinson folgte dem Ruf, nur Emily nicht. Als die Schülerinnen des Mount Holyoke College sich scharenweise bekehrten, stand sie als einzige »Rebellin« da, weil sie sich außerstande fühlte, ein halbherziges Glaubensbekenntnis abzulegen. Sie war tief religiös veranlagt, wie es ihrem puritanischen Erbe entsprach. Ihr Denken war früh auf Gott gerichtet, und sie vermochte nicht anders zu leben als sub specie aeternitatis, aber die überlieferte Theologie und die donnernden Predigten von der Kanzel waren ihr suspekt. Sie vermochte nie den öffentlichen Kniefall zu tun, trotz ernsthafter, ja quälender Gewissenserforschung. Sie empfand sich als schwarzes Schaf, und für ihre bekehrten Freundinnen und ihre besorgten Lehrer war sie das wohl auch. Die Familie ließ sie gewähren. Immer öfter blieb sie daheim, wenn die anderen zur Kirche gingen, und schrieb Briefe oder Gedichte.

Emily Dickinson hat annähernd 1800 Gedichte hinterlassen, und von den Tausenden von Briefen, die sie im Lauf ihres Lebens verfaßt haben muß, sind bisher über tausend ans Licht gekommen. Hunderte von Gedichte waren Briefen beigefügt. Sie scheinen oft aus dem Zusammenhang eines Briefes entstanden zu sein – Gelegenheitsgedichte, die häufig von einer Situation der Trauer inspiriert waren. Der Tod schlägt immer wieder zu, und viele ihrer Briefe sind Kondolenzbriefe. Sie haben tröstende Kraft, weil sie den Tod nicht beschönigen, den Schmerz nicht beschwichtigen, den Abgrund nicht zu verdecken suchen, der die Lebenden von den Toten trennt. Sie läßt erkennen, daß sie das Leid in seiner Tiefe nachfühlt, und bietet dem trauernden Menschen ihre Liebe an. Der Trost, den sie in ihren Briefen spendet, ist nie billig. Sie verweist auf die Ewigkeit und auf die Unvergänglichkeit der Liebe als eine, die *weiß*. Ihre Kondolenzen lesen sich heute noch so ungewöhnlich, so aufrichtig und wahrhaft, wie sie diejenigen berührt haben müssen, an die sie adressiert waren. Wie sie in einem Gedicht schrieb, steht das hohe Vorrecht, zu einem gebrochenen Herzen zu sprechen, nur demjenigen zu, der »auch gelitten hat«. Sie hatte sich dieses Vorrecht verdient.

Wie ihre Gedichte wurden auch ihre Briefe in den späteren Jahren immer knapper, immer epigrammatischer, zum Teil enigmatischer, und sind daher nicht immer leicht zu verstehen. In einer Metapher ersteht ein komplexer Gedanke, dann folgt oft unvermittelt ein neues Bild, und aus der Gegenüberstellung entsteht eine Dynamik, die dem Leser nicht erlaubt, ein Gedicht oder eine bestimmte Briefstelle »abzulegen«. Ein Rest an Bedeutung bleibt in der Schwebe. Das Gebilde läßt sich nicht festnageln. Die »Aussage« läßt sich nicht umschreiben oder zusammenfassen. Sie lebt nur in den Worten, die sie gewählt hat. Das macht das Beunruhigende dieser Lyrik aus, zum Teil auch der Briefe, die – von formalen Gedichten abgesehen – gelegentlich in die lyrische Form münden. Das gibt den Gedichten ihre Frische und Zeitlosigkeit, ihre »Luftigkeit«, die sich auch in dem ungewöhnlich häufigen Gebrauch von Gedankenstrichen ausdrückt. Diese ersetzen bei Emily Dickinson fast alle Satzzeichen. Dadurch können Bezüge unscharf werden bzw. ein ganzes Spektrum möglicher Zusammenhänge gewinnen und zur sinnenden Meditation einladen.

Higginson, der »Präzeptor«, ist oft dafür getadelt worden, daß er ihr Genie nicht erkannt und die Veröffentlichung ihrer Gedichte zu ihren Lebzeiten verhindert hat. Heute ist man geneigt, ihn milder zu beurteilen. Er konnte über den Schatten seiner Zeit nicht springen – die wohltönende, harmonische Reimerei mit ihrem romantischen Pathos, die damals die Poesie beherrschte. Emily Dickinson verstieß gegen grammatische Regeln, gegen die normale Syntax, sie gebrauchte Adjektive als Adverbien und stellte Worte überhaupt in einen so ungewöhnlichen Zusammenhang, daß das Ohr erst einmal stutzt. Viele ihrer Reime sind »unrein«, das heißt, sie reimen nicht in vollem, sondern nur in annäherndem Gleichklang, nicht selten gar nicht. Es braucht ein geschärftes Ohr, das sozusagen nach innen hört, um die vollkommene Kongruenz zwischen Gedanken und Klanggestalt, Inhalt und Form, wahrzunehmen. Wo die Wirklichkeit klafft, ist auch der Vers uneben. Das Paradox des Lebens, die Widersprüche des Daseins lassen sich nicht in glatte Reime fassen. Aber diese Art zu dichten und Aussage an Klang zu binden, war ihrer Zeit weit voraus. Higginson und andere Zeitgenossen waren schlicht überfordert. Higginson empfand wohl das Außergewöhnliche dieser Lyrik, ihre »eigentümliche Kraft«, aber sie blieb für ihn ein »feuriger Dunst« – unorthodox, um nicht zu sagen unordentlich, sprunghaft, fast chaotisch. Er versuchte, ihre

Grammatik und ihre Reime in Ordnung zu bringen, und Emily Dickinson gab sich Mühe, diese Korrekturen anzunehmen, aber sie vermochte es nicht. Sie konnte nur so schreiben, wie sie mußte, und bestenfalls ihre Gründe dafür angeben. Sie schreibt Higginson am Anfang ihrer Korrespondenz: »Sie halten meine Gangart für ›spastisch‹ – ich bin in Gefahr, Herr – Sie halten mich für ›unkontrolliert‹ – ich habe kein Tribunal.« Daß es eine existentielle Nötigung war, die ihr eine leichtere, gefälligere Gangart verbot, scheint Higginson nie verstanden zu haben. Und doch ist ihm zu danken, denn er hielt die Dichterin bei der Stange. Er gab ihr durch seine Briefe und seine zwei Besuche in Amherst gerade so viel Bestätigung, als sie brauchte, um ihren Weg weitergehen zu können. Sie fühlte sich ernst genommen, wenngleich nicht verstanden. Als sie sich damit abgefunden hatte, daß sie als Dichterin lebenslang unerkannt sein würde, war dennoch ein Mensch da, der ihre Gedichte respektvoll las und sie ermutigte, sich so oft an ihn zu wenden, wie sie Lust dazu hatte – Higginson, der heute vergessen wäre, wenn er nicht eine so große Rolle im Leben von Emily Dickinson gespielt hätte.
Zusammen mit einer Freundin der Familie Dickinson gab er im November 1890, vier Jahre nach ihrem Tod, die erste Auswahl von Gedichten heraus. Sie wurde ein überraschender und ein durchschlagender Erfolg. Bereits im Dezember mußte nachgedruckt werden. Ein Jahr später erschien die zweite Folge der Gedichte, 1896 eine dritte, während die vorhergehenden ständig neue Auflagen erlebten. 1894 erschienen zwei Bände mit Briefen. In den zwanziger und dreißi-

ger Jahren dieses Jahrhunderts erschienen weitere Gedichte und Briefe, 1955 die kritische Ausgabe der Gedichte und 1958 die definitive Ausgabe der bis dato bekannten Briefe. Parallel zu dieser Editionsgeschichte verlief die Geschichte ihrer Rezeption in den Vereinigten Staaten. In den zwanziger und dreißiger Jahren wurde Emily Dickinson Mode, und die Legendenbildung trieb ihre ersten Blüten. Die fünfziger und sechziger Jahre brachten eine Dickinson-Renaissance, die von der Frauenbewegung aufgegriffen wurde. Einerseits wurde Emily Dickinson noch immer als das Opfer einer unglücklichen Liebesleidenschaft bzw. eines despotischen Vaters gesehen, andererseits als eine Frau, die trotz gesellschaftlicher Schranken einen eigenständigen geistigen Weg ging. Freilich blühte sie nur im verborgenen, aber sie ließ sich nicht beirren – weder von der Enge ihres Lebensraums noch von der Banalität des häuslichen Alltags. Sie strebte immer nach *circumference* – Umfang, Umkreis, Fülle, die äußerste Weite des Horizonts.

Emily Dickinson läßt sich nicht feministisch vereinnahmen. Ihre Leistung liegt gerade darin, daß sie als Frau des 19. Jahrhunderts ihre Rolle in einer puritanisch und patriarchalisch geprägten Umwelt akzeptierte und dennoch die Freiheit fand, sich innerlich über alle Konventionen hinwegzusetzen. Trotz ermüdender und manchmal niederdrückender Arbeit im Dienst ihrer Familie fand sie die Spannkraft, sich immer wieder in einen unendlichen Raum der Wesenheit zu versetzen, ohne dabei die Fühlung mit irdischen Dingen zu verlieren. Auch darin ist sie echt neuenglisch, »Yankee«: sie hat die Füße auf dem Boden der diesseitigen Wirklichkeit mit ihren prosaischen Verpflichtungen. Sie beobachtet genau und hat einen gesunden Respekt vor Tatsachen. Überspanntheit in irgendeiner Form liegt ihr nicht; aber *Intensität,* aber der Salto mortale in die Unwegsamkeit der Transzendenz, aber das Wagnis der Metapher, die Vertrautes in neue, verblüffende Zusammenhänge stellt.

In der deutschen Literatur wäre sie am ehesten mit Annette von Droste-Hülshoff zu vergleichen, aber sie liest sich noch frischer, riskanter, noch weniger gebunden an Zeit und Ort. Vielleicht steht eine Dichterin des 20. Jahrhunderts ihr näher, Else Lasker-Schüler, aber diese ist sentimentaler als Dickinson. Sie ist das entfesselte Herz; Dickinson das bebende, aber gebändigte Herz, der kühne, analytische Geist. Lasker-Schüler ist subjektiv bis zum äußersten; Dickinsons Subjektivität ist nicht zu trennen von ihrer Objektivität – der präzisen Naturbeobachtung, der emotionalen Kontrolle, der Ironie und Selbstironie.

Unter den Zeitgenossen in ihrem eigenen Land gibt es keine vergleichbare Gestalt. Walt Whitman – der andere große amerikanische Lyriker des 19. Jahrhunderts – war ein ihrem Temperament entgegengesetztes Genie. Bei ihm herrscht die frei fließende, vor keiner noch so drastischen Körperlichkeit zurückschreckende lyrische Form; bei ihr eine fast epigrammatische Knappheit und Verhaltenheit, vorwiegend in der strengen, schlichten Strophe des Kirchenlieds. Bezeichnend für sie ist, daß sie Whitmans berühmte *Leaves of Grass* (»Grashalme«) nie las, weil sie gehört hatte, ihr Autor sei »schändlich«. Mit Emerson, dem Weisen des fast benachbarten Concord, dessen Werk sie schätzte, hätte sie leicht bekannt werden können, aber sie versagte sich die Begegnung.

Am ehesten stimmt der Vergleich mit den englischen »metaphysischen Dichtern« des 17. Jahrhunderts, wie John Donne, George Herbert oder Henry Vaughan. Ihre Dichtung spannt wie Emily Dickinsons Lyrik Paradoxes zusammen. Die Achse des Gedichts dreht sich oft um einen *conceit,* einen verblüffenden Einfall, wie so oft bei Dickinson. Wie sie lieben die Metaphysiker die Verbindung von umgangssprachlichem Ton mit einem abstrakten Argument; wie ihr geht es ihnen um metaphysische Inhalte. Noch näher steht der Vergleich mit ihrem Landsmann Edward Taylor (um 1644–1729), der puritanisches Geistesleben in Lyrik übersetzte. Aber größer als die Gemeinsamkeiten mit irgendeinem anderen Dichter ist Emily Dickinsons eigenständiger Beitrag zur englischsprachigen Lyrik. Das Selbst, das individuelle Bewußtsein in seiner Gefährdung und Unbehaustheit tritt bei ihr erstmalig in Erscheinung. Die statische Gottesgewißheit des puritanischen Dichters weicht einer Suspendierung jeglicher Glaubensgewißheit. Sie hält sich offen für eine kindlich staunende, naturverbundene Frömmigkeit und Gotteslust, aber auch für Zweifel, Grauen und Verlorenheit. Es ist ein Bewußtsein, das dem modernen Lebensgefühl viel mehr entspricht als dem ihrer Zeitgenossen.

Eine Auswahl von Emily Dickinsons Gedichten und Briefen als »Texte zum Nachdenken« für den heutigen Menschen ist daher gerechtfertigt. Wünschenswert wäre eine zweisprachige Ausgabe gewesen, da

diese Lyrik schon aus Gründen ihrer extremen sprachlichen Knappheit besonders schwer zu übersetzen ist. Das hätte jedoch den Umfang eines Bändchens dieser Reihe zu sehr aufgebläht. So schien es unter den gegebenen Umständen der bessere Weg zu sein, auf Originale zu verzichten zugunsten einer größeren Auswahl ihrer Gedichte, in der Hoffnung, daß die Übertragung die Gedanken und die lyrische Form, in glücklichen Fällen einen Hauch ihrer Sprachmelodie, vermitteln kann.
Emily Dickinsons Lyrik kreist um wenige Grundthemen, die sich auch in den 118 ausgewählten Gedichten spiegeln. Immer wieder sind es die Dinge der Natur, die Emily Dickinson in jene Ekstase des Seins versetzen, die für sie »Glück genug« war. Manchmal verweilt ihr Blick auf einem Tier, einer Blume oder einer Himmelserscheinung mit dem ursprünglichen Staunen des Kindes und des Weisen – hingegeben an die Erscheinung. Ein flüchtiger Moment des Daseins, eine Bewegung, ein Farbglanz, prägt sich ein und verleiht dem Vergänglichen Dauer in der Zeitlosigkeit des dichterischen Worts. Manche Gedichte muten an wie Haikus oder wie die Vogel-und-Blumen-Stücke eines Hiroshige. Sie regen weniger zum »Nachdenken« an als zur Hingabe an einen Augenblick der Wahrnehmung; und aus dieser konzentrierten Wahrnehmung kann eine Einsicht kommen. Manchmal ist das Geschilderte nicht einmal mit Namen genannt, wie in »So flüchtig seine Route« (S. 45). Das Gedicht fängt die Farben ein, die Schnelligkeit und Weiträumigkeit der Bewegung. Aus dem Zusammenhang der Entstehung des Gedichts wissen wir, daß es sich

um einen Kolibri handelt. Andere Gedichte setzen ein Naturgeschehen in Beziehung zum lyrischen Ich, etwa in dem Gedicht »Kokoon wird enger – Farben drängen« (S. 47). Die Metamorphose der Raupe zum Schmetterling ist ein geläufiges Sinnbild der Wandlung, aber hier liegt die Betonung auf dem Ringen um das größere Sein *vor* dem entscheidenden Schritt. Wandlung geschieht nicht einfach, sie muß errungen werden – richtig gedeutet als »Gottes Zeichen«.

Die Gedichte sind bevölkert mit schlichten Geschöpfen aller Art – mit Gräsern, Bienen, Schmetterlingen, Raupen, verschiedenen Blumen und Vögeln. Der Himmel mit seinen Phänomenen – Sonnenauf- und Untergang, den Gestirnen – ist immer wieder ein Anlaß entrückten Staunens.

In vielen Gedichten sind die Dinge der Natur Metaphern für die existentielle Situation des Menschen. Sie sind ein Sprungbrett in die Transzendenz. Solche Gedichte können einer zweiten Gruppe zugerechnet werden, die Leben und Lebensleid als thematischen Schwerpunkt haben. Ein Gedicht spricht unmittelbar aus, worum es geht: »Ekstase lernen durch den Schmerz« (S. 57). Dieses Thema beherrscht Emily Dickinsons ganzes Leben und Schaffen – die Möglichkeit, Leiden umzumünzen in ekstatische Wesensschau. Der Sprung in die Finsternis, in die dunkle Nacht der Seele ist ein Risiko, das die Seele auf sich nehmen muß. Wer die Weite will, den entgrenzten Raum – *circumference* –, muß durch den Engpaß der Not. Alles Erschaute und Erkannte ist auszusagen mit *Wahrheit*, der ganzen Wahrheit, aber mittelbar –

»schräg«, wie es in dem berühmten Gedicht heißt: »Die ganze Wahrheit sag, doch schräg« (S. 66).

Eine große Gruppe bilden die Gedichte über Gott und Unsterblichkeit. Emily Dickinson war zeitlebens auf der Suche nach Gott. Er war eine ständige Realität, und Anmutungen der Unendlichkeit inmitten der Banalität des Lebens waren ihr tägliches Brot. Ab einem bestimmten Zeitpunkt war ihr Leben »ins Ewige Rennen eingespannt« (siehe S. 69). Der Maßstab der Ewigkeit ist an alles anzulegen, an ihr unscheinbares Leben, ihren Verzicht auf Ruhm, ihre Leiden, die Momente des Glücks, und von diesem Angelpunkt her verwandelt sich alles. Die Gewißheit des Glaubens kann erschüttert werden, aber Gott als »einziger Verkehr« und die Realität von Ewigkeit und Unsterblichkeit als »einzige Nachricht«, die zu hören sich lohnt, bleiben bestehen (siehe S. 87).

So ist das Leben immer nahe am Tod. Es grenzt ans Unheimliche, wie die Dichterin die Stunde des eigenen Todes vergegenwärtigt, z. B. in den berühmten Gedichten »Eine Fliege summte, als ich starb« (S. 91) und »Da ich nicht anhielt, gab der Tod ...« (S. 92). Das Summen der Fliege, so realistisch und banal, macht den Augenblick des Todes fühlbarer, als ein grandioseres Bild es vermöchte. – Das Bewußtsein überschreitet die Schwelle des Todes und legt den Abgeschiedenen Worte in den Mund. Entbunden von Sterblichkeit, mögen die Toten ein befreites, zuversichtliches, ja sogar ein vergnügtes Volk sein. Gott – Tod – Unsterblichkeit sind nicht zu trennen; sie sind die verschiedenen Aspekte der *einen* Transzendenz. Immer wieder leuchtet die Erkenntnis auf, daß erst der Tod, oder die Nähe des Todes, dem Leben Sinn und Wahrheit verleiht.

Von den zahlreichen Liebesgedichten wurden nur wenige aufgenommen. Irdische Liebe kann in die Liebe zu Gott münden, in die »Ganzheit der Liebe« (S. 105), aber auch das Erbarmen mit der Schöpfung ist Liebe. Auch sie strebt nach »circumference«, und in dem kleinen Schlußgedicht »Binde mich – noch kann ich singen« ist Liebe nicht mehr zu unterscheiden von der Seligkeit, die alles Irdische hinter sich gelassen hat.

Auch die Auswahl der Briefe, die zugunsten der Gedichte knapp gehalten wurde, setzt Schwerpunkte. Zuerst sollen Briefe der jugendlichen Emily das Problem aufzeigen, mit dem sie schon als Fünfzehnjährige gerungen hat: die innere Notwendigkeit, ihren eigenen Weg des Glaubens zu gehen. Gleichzeitig macht sich eine Ironie bemerkbar, die sowohl das Erweckungstreiben ihrer Heimatstadt als auch sie selbst aufs Korn nimmt. In den Briefen an die Jugendfreundin Jane Humphrey kündigt sich die Wende an: ein nur angedeuteter Sprung in die innere Freiheit und das Bewußtsein ihrer eigenen Identität.

Sie ist kaum vierundzwanzig, als sie den Brief an Susan Gilbert, die spätere Schwägerin, schreibt. »Sue« war eine große Liebe und eine ihrer großen Lebensenttäuschungen. In diesem Brief sieht sie dieser Enttäuschung zum ersten Mal ins Auge und weiß, an Schmerzen und Enttäuschungen in ihrem jungen Leben schon so reich, daß sie ihrem Gewissen und ihrer Berufung folgen muß.

Die Briefe an die Hollands und die Bowles' zeigen ihr

zärtliches Verhältnis zu den Freunden. Sie sind ihr »Vermögen und Grundbesitz«, und ihnen öffnet sie sich rückhaltlos. Von den bedeutenden Briefen an T. W. Higginson, die viel über sie selbst und ihre eigenwillige Art zu dichten aussagen, jedoch in einen anderen Zusammenhang gehören, ist in dieser Auswahl nur einer aufgenommen.

In späteren Jahren ist der Anlaß ihrer Briefe immer öfter ein Todesfall, wie der Tod ihres eigenen Vaters, den sie ihren Cousinen Louise und Frances Norcross mitteilt. In den folgenden Briefen an Mrs. Bowles und Mattie G. Smith erweist sie sich als eine Trösterin, die das endliche Leid aufgehoben weiß in der Unendlichkeit. Der Brief an die Cousinen Norcross über den Tod der Mutter ist eines der ergreifendsten Zeugnisse Emily Dickinsons über den Tod. Nun hatte sie selbst nur noch vier Jahre zu leben, und nach dem Tod ihres innig geliebten achtjährigen Neffen Gilbert im Jahre 1883 kam sie nie wieder zu Kräften. Ihre Episteln werden immer kürzer und verschlüsselter, bisweilen kryptisch. Sie schreibt kaum noch Gedichte. Anfang Mai sandte sie eine letzte Botschaft an Louise und Frances: »Kleine Cousinen, abberufen. Emily.« Am 15. Mai 1886 starb sie.

Emily Dickinson ist auf dem Friedhof von Amherst, ganz in der Nähe ihres geliebten Elternhauses, beigesetzt. An ihrem Todestag versammeln sich Bürger der Stadt und Studenten aus dem In- und Ausland an ihrem Grab zu einer kleinen Feier. Sie legen Blumen nieder, sprechen ihre Gedichte und setzen damit der Dichterin Jahr für Jahr ein lebendiges Denkmal.

Zu den Texten

Die Übertragungen der Gedichte beruhen auf der von Thomas H. Johnson herausgegebenen kritischen Gesamtausgabe, *The Complete Poems of Emily Dickinson* (Boston 1955). Die Gedichte sind nach der mutmaßlichen Reihenfolge ihrer Entstehung numeriert und tragen keine Titel. Die Nummern wurden beibehalten, so daß die Originalgedichte ohne Mühe identifiziert werden können.

Die Übertragung der Briefe beruht auf der dreibändigen Ausgabe desselben Herausgebers, *The Letters of Emily Dickinson* (Cambridge, Mass., 1958).

GEDICHTE

ICH KOSTE NIE VERGORENEN WEIN

IM FRÜHLING ein Vögelein
singt nur für mich allein –
wenn Frühling lockt.
Sobald der Sommer naht
mit seinen Rosen zart –
fliegt Drossel fort.

Doch klage ich nicht länger,
ich weiß, mein kleiner Sänger
auf hohem Flug –
bringt übers weite Meer
mir neue Weisen her
und kehrt zurück.

Fest in sicherer Hand
hält sie ein treueres Land,
die Meinen –
wenn sie auch scheiden jetzt,
sag ich dem bangen Herz:
die Deinen.

Die klare Helle bricht
ins goldenere Licht –
und jeder Zwist,
Zweifel, Angst und Pein –
ich seh, wie alles rein
beseitigt ist.

Drum klage ich nicht länger,
ich weiß, mein kleiner Sänger –
auf hohem Flug –
bringt von fernen Reisen
strahlend neue Weisen
mir zurück. (5)

WIE EIN Gänseblümchen
heut das Feld verließ –
huschten auf Zehenspitzen
viel Schuh ins Paradies –

Wie das Tagesende
versickert purpurrot –
blühend – trippelnd – strömend –
seid ihr nun bei Gott? (28)

Bienengesumm im Gras –
wie Zauber klingt mir das –
wenn einer fragt, warum –
leichter zu sterben drum,
als es zu sagen.

Das Rot vom Berge dort
nimmt mir den Willen fort –
treibt einer seinen Spott –
gib acht – denn hier ist Gott –
nichts mehr zu sagen.

Wenn der Tag anbricht –
hab ich mehr Gewicht –
wenn jemand fragt, wieso –
ein Künstler schuf mich so –
der soll es sagen. (155)

ICH KOSTE nie vergorenen Wein
aus perlendem Pokal –
kein Faß am ganzen Rhein kredenzt
solch einen Alkohol.

Benommen von der Luft bin ich –
berauscht bin ich vom Tau –
ich torkle durch den Sommertag
aus Schenken flüssigblau –

Der Wirt die trunkne Biene setzt
vor Löwenmäulchens Tür –
der Schmetterling läßt seinen Schnaps –
ich trinke um so mehr!

Der Seraph schwingt den weißen Hut –
der Heilge ans Fenster rennt –
zu schauen die kleine Säuferin,
die an der Sonne lehnt. (214)

Gott schuf den kleinen Enzian –
eine Rose wollt' er sein –
und konnte nicht – der Sommer lacht' –
bevor's begann zu schnein,

trat ein Geschöpf aus Purpur
betörend auf den Hang –
der Sommer barg die Stirne –
und aller Spott verklang –

Der Frost ist seine Nahrung –
es webt den Purpur dann,
wenn Norden ihn beschworen –
wann blüh *ich,* Schöpfer – wann? (442)

Das Gras hat wenig nur zu tun –
in schlichtem Grün zu walten –
den Schmetterlingen beizustehen
und Bienen unterhalten –

Sich wiegen in Windesmelodien
den ganzen Tag im Reigen –
im Schoß zu halten den Sonnenschein –
vor allem sich zu neigen –

Und nachts wie Perlen reihen den Tau –
und sich so schön zu schmücken,
eine Fürstin wäre zu vulgär,
um solches zu bemerken –

Und selbst im Sterben – zu vergehn
in Wohlgerüchen göttlich –
wie schlichte Würzen hingestreckt –
wie Narde, die verröchelt –

In Scheunen wohnen souverän –
die Tage zu verträumen,
das Gras hat wenig nur zu tun –
ich wollt', ich wär ein Heuhalm! (333)

Könnt' ich fliegen grenzenlos
wie Bienen im Revier,
ich kehrte ein, wo es mir paßt,
und niemand käm' zu mir.

Mit Butterblumen koste ich,
ich freite, wo ich mag –
und blieb ein Weilchen überall,
und lebte in den Tag.

Es folgte mir kein Polizist –
ich jagte ihn vielmehr –
bis er die Inseln überspräng'
und flüchtete vor mir.

Ich sagte: »Laß mich Biene sein« –
auf luftigem Gefährt –
ich ruderte ins Nirgendwo
und ging vor Anker dort.

Die Freiheit dünkt Gefangenen
im Kerker Goldes wert. (661)

Gott gab den Vögeln einen Laib –
ein Krümchen gab er mir –
ich darbe – essen kann ich's nicht –
zu kostbar ist es mir –

Berühren – halten – den Beweis,
daß dieses mir gehört –
ich bin so froh und will nicht mehr,
als was ein Spatz begehrt –

Und herrschte ringsum Hungersnot –
entginge mir kein Halm –
die Fülle glänzt auf meinem Tisch –
mein Speicher ist randvoll –

Wie fühlen sich die Reichen wohl –
ein Inder – oder Graf –
ich glaube, daß mein Krümel sie
bei weitem übertraf. (791)

Das helle Licht genügt sich selbst –
und wer es sehen mag,
erblickt es durch das Fensterglas
für Stunden jeden Tag.

Doch nicht als Rückvergütung –
es spendet jedem Tier –
dem Eichhorn im Himalaja –
denselben Glanz wie dir. (862)

Im Frühling ist ein Licht,
das man sonst nirgends find't –
zu keiner andren Jahreszeit –
Bevor der März beginnt,

legt eine Farbe sich
auf einsam weite Flur,
die Wissenschaft nicht kennt, jedoch
die menschliche Natur.

Sie wartet auf dem Gras,
sie zeigt den fernsten Stamm
am fernsten Hügel, den du kennst –
fast redet sie dich an.

Der Horizont wird weit –
der Mittag hebt sich fort –
dann schwindet lautlos sie dahin –
wir sind noch immer dort.

Und etwas wie Verlust
stört die Zufriedenheit,
als hätte plötzlich der Kommerz
ein Sakrament entweiht. (812)

Zwei Schmetterlinge zogen aus
und flatterten durchs Tal,
erklommen den Himmel und rasteten
auf einem Sonnenstrahl.

Dann schwebten sie zusammen fort
auf einem Glitzermeer –
aus keinem Hafen kam jedoch
von Ankunft Meldung her –

Ob sie ein ferner Vogel traf
im hohen Äthermeer,
Fregatte oder Handelsschiff –
das hörte ich nicht mehr. (533)

Flammend in Gold, verlöschend in Purpur,
himmelan springend, ein Leopard,
legt sie am Horizont zum Sterben
ihr fleckiges Antlitz nach Raubtierart.
Tief sich neigend zum Fenster des Otters,
Dächer berührend, Scheunen erglühn,
schwenkt sie den Hut der Wiese zum
Kusse –
fort ist des Tages Gauklerin. (228)

Der Mond war nur ein goldnes Kinn
vor nicht zu langer Zeit –
er zeigt der Welt sein Angesicht
jetzt in Vollkommenheit –

Von breitem Blond ist seine Stirn –
die Wange – ein Beryll –
sein Aug hat mit dem Sommertau
an Ähnlichkeiten viel –

Verschlossen ist sein Bernsteinmund –
sein Lächeln – ein Gewinn
dem Freund, dem er es zugedacht
in seinem Silbersinn –

Welch großer Vorzug wäre es,
der fernste Stern zu sein –
er würd' an Deines Schlosses Tor
gewiß vorüberziehn –

Sein Kopfputz ist das Firmament –
Planeten – ihn beschuhn –
die Sterne sind sein Gürtelschmuck –
sein Bettzeug – blauer Kattun. (737)

Von Bienen war dies Ding geliebt –
vom Schmetterling umtanzt –
vom Vogel ward ihm Billigung
aus himmlischer Distanz.

Dem Mittag gab es die Lasur –
den Sommer einer Schar,
die nur vom Universum weiß,
daß es sein Schöpfer war. (805)

Spalte die Lerche – Musik wirst du finden –
Knolle um Knolle, in Silber geballt –
sparsam verausgabt am Sommermorgen,
bewahrt für dein Ohr, wenn die Lauten alt.

Löse die Flut – sie ist schon entfesselt –
Strahl um Strahl, zu deinem Behuf –
Roter Versuch! Ungläubiger Thomas!
Zweifelst du noch an der Lerche
Ruf? (861)

MUSIK – noch besser! Denn ich, die es hörte,
an Vögel gewöhnt war ich vorher –
dieses war anders – Übersetzung
aller bekannten Weisen – und mehr –

Nicht festgefügt wie andre Strophen –
nie mehr ein zweites Mal gespielt –
es sei, der Meister – vollendeter Mozart –
stürbe mit ihm, dem gestaltlosen Lied!

Kinder erzählen, wie Bäche in Eden
murmelten süßere Melodien,
raunten so manches von Evas Ergebung –
drängten den Fuß, in die Lüfte zu fliehn –

Gereifte Kinder sind meistens klüger –
Eden – ein Märchen, leise erzählt –
Eva – ihr Schmerz – eine alte Geschichte –
doch ich sprach vom Lied, das ich gehört.

Kein solches, das getauft in der Kirche –
wo der letzte Heilige schwebt –
nicht solche Strophe zerreißt die Stille –
wenn der Erlösung Stunde schlägt –

Keine Kadenz will ich verraten –
summe für mich den einen Ton –
summe, bis meine schwache Probe
mündet in Weise vor dem Thron. (503)

Von allen meinen Hoffnungen
war dies das stille Ende –
die Morgenrose schön gefärbt
und früh verdorrt am Ende.

Nie trat die Knospe aus dem Stamm
so frohgemut – es sticht
kein Wurm die tapfere Wurzel an
mit so viel Zuversicht. (913)

Mittsommer war's, da starben sie –
in voller, reifer Zeit –
der Sommer barg sich bis zuletzt
in Blütenherrlichkeit –

Das Korn füllt prall den letzten Kern –
der Flegel drischt es ein –
es neigte zur Vollendung sich
durch sein Gestorbensein. (962)

DIE GRILLE sang
die Sonne sank,
es nähte noch der Handwerksmann
den Saum dem Tage an.

Mit Tau beladen war das Gras,
das Zwielicht stand, ein fremder Gast,
der höflich scheu, Hut in der Hand,
zum Gehen halb gewandt.

Die Weite – wie ein Nachbar – kam,
und Weisheit, ohn' Gesicht und Nam,
ein hemisphärer Friede wacht –
so senkte sich die Nacht. (1104)

DIE SEHNSUCHT ist das Samenkorn,
das in der Erde ringt –
wenn es drum bäte, meinte es,
so fände man's bestimmt.

Die Stunde und die Witterung,
die sind ihm unbekannt –
wie standhaft muß sein Ringen sein,
eh es zur Sonne fand! (1255)

WIE LEISE doch die Raupe geht –
ich halt sie in der Hand,
sie kommt aus einer samtnen Welt
in plüschener Gestalt.
Ihr stilles Reisen arretiert
mein irdisch Auge träg –
erpicht auf ihre eigne Bahn
bin ich ihr nur im Weg. (1448)

So FLÜCHTIG seine Route
auf pfeilgeschwindem Rad –
Andrang von Koschenille –
ein Echo von Smaragd –
und jede Blüte auf dem Busch –
zerknittert – macht sich fein –
die Post von Tunis könnte leicht
ein Morgenausflug sein. (1463)

VERBOTNER Früchte Wohlgeschmack
legales Obst verdrießt –
Wie köstlich ist die Erbse doch,
wenn Pflicht die Schote schließt. (1377)

Der Enzian webt Borten –
der Ahorn wirkt in Rot –
meine Blüten welken
im Wettlauf mit dem Tod.

Ein Leiden – kurz, geduldig –
noch eine kleine Frist –
du warst noch hier am Morgen,
und jetzt bei Engeln bist.
Im Leichenzug bescheiden
ging der Stärling mit –
betagte Biene grüßte –
wir knieten zum Gebet –
Wir glauben, sie ging willig –
so soll's auch uns geschehn.
Sommer – Schwester – Seraph!
Laß uns mit dir gehn!

Im Namen der Biene –
und der Bachstelze –
und der Brise – Amen! (18)

Kein Schiff entführt uns wie ein Buch
zu manchem fernen Riff –
kein Rennpferd wie auf einem Blatt
ein tänzelndes Gedicht.
So reisen kann der Ärmste auch,
mit keinem Zoll belegt –
wie ist der Wagen anspruchslos,
der Menschenseelen trägt. (1263)

Kokoon wird enger – Farben drängen –
ich fühle Luftigkeit –
ein ahnender Besitz von Flügeln
setzt herab mein Kleid.

Die Macht des Schmetterlings bedeutet,
daß er fliegend schweift
über Wiesen majestätisch,
Himmelsweiten streift –

So muß die Chiffre ich enträtseln,
lösen ihren Bann –
ich stümpre, bis ich Gottes Zeichen
endlich deuten kann. (1099)

EKSTASE LERNEN DURCH DEN SCHMERZ

Ich war die Schmächtigste im Haus –
nahm mir den kleinsten Winkel –
zur Nacht mein Lämpchen und ein Buch –
und eine Aurikel –

Ich stand und fing die Taler auf,
die ohne Unterlaß
ins Körbchen fielen –
ich denke, ich tat
nichts weiter als das.

Ich sprach nur knapp und leise, wenn
das Wort an mich erging –
das laute Leben ertrug ich nicht –
der Lärm beschämte mich.

Und wär der Weg nicht gar so weit,
und einer, der mich kennt,
begleitet mich – dann könnte ich
wohl sterben unbemerkt. (486)

Ein feierliches Ding – sag ich –
als Frau in Weiß zu gehn –
zu tragen – wenn der Herr mich würdigt –
ihr reines Mysterium –

Ein Leben im Purpurquell versenken,
wäre Heiligkeit –
ohne Lot – es kehrt nicht wieder–
bis zur Ewigkeit –

Was ist Seligkeit – so dacht' ich –
wäre sie so weit,
wenn ich sie in Händen hielte,
wie im Nebelkleid?

Und dann schwoll dieses »kleine« Leben –
die Weisen nennen's klein –
wie Horizonte in meinem Mieder –
ich spottete leise – »klein!« (271)

So WARD's mein eigen –
langsam steigen –
haschen nach Zweigen –
das Glück – erreich ich's nie?
Es hing so hoch –
ach, könnte ich doch
zum Himmel mit Strategie!

Ich sagte, mein eigen –
das war alles –
wie ich's umkralle,
daß es nicht falle –
mich stürzt in bittre Not –
nach einem Gnadenaugenblick,
der meinem Bettlerangesicht
Zufriedenheit verbot. (359)

Ich wollt' nicht mehr gewöhnlich sein –
der Unterschied begann –
des Lebens große Bitternis –
der alte Kram – zerrann –

Und wenn er manchmal noch erschien –
in daunenzarter Früh –
viel Wonne hatt' ich all die Jahr –
das linderte die Müh.

Ich hatte Freude, daß mir schoß
die Röte ins Gesicht –
im Auge ward sie öffentlich –
der Worte braucht es nicht.

Ich ging, von Flügeln wie entrückt –
mein Fuß trug mich vorher –
doch jetzt – wie Vögeln Stiefel sind –
so nutzlos war er mir.

Ich teilte meine Freuden aus –
ich gab ein Wort von Gold–
am Wege jeder Kreatur –
beschenkte alle Welt –

Als plötzlich mein Vermögen schwand –
ein Kobold trank den Wein –
Paläste fielen unbewohnt –
ich selbst – war Bettlerin –

Ich packte Töne –
ich griff nach Formen –
ich faßte den Windhauch an –
ich fühlte, wie die Wildnis rollte
an meine goldne Bahn.

Am Nagel hängt die Sackleinwand –
das Kleid, das ich einst trug –
wo ist die Stunde von Brokat –
mein indischer Bezug? (430)

IN NOT! Ein kleines Schiff in Not!
Die Nacht senkt sich herab!
Ist niemand, der es steuern könnt'
bis zur nächsten Stadt?

Matrosen sagen – anderntags –
als braun die Dämmrung fiel,
da gab ein Schiffchen auf den Kampf,
und gurgelnd sank der Kiel.

Es sagen Engel – anderntags –
als rot der Tag begann –
ein kleines Schiff – vom Sturm verweht –
die Masten reckt – die Segel bläht –
und jubelnd schoß voran! (30)

Jubel, wenn die Inland-Seele
auf zur Fahrt ins Meer bereit,
vorbei an Häusern – und am Festland –
in die tiefe Ewigkeit.

Ob den Seemann – aus den Bergen
so wie wir – der Rausch erregt –
göttlich – wenn die erste Meile
unser Schiff zurückgelegt. (76)

Erfolg ist süß vor allem
dem, der ihm nie gebot.
Den Nektar zu begreifen,
erfordert bittre Not.

Nicht einer aus der Purpurschar,
der heut die Fahne nimmt,
weiß um des Siegs Bedeutung
zu sagen so bestimmt,

wie der Besiegte – sterbend –
der quälend scharf vernimmt
die fernen Klänge des Triumphs,
die ihm verboten sind.

Ein armes Herz – ein zerrissenes Herz –
das setzte sich zur Ruh –
und merkte nicht, der sinkende Tag
floß silbern dem Westen zu –
und merkte nicht, die Nacht sanft fiel –
das Sternenzelt entbrannt'
und voll Begehren Ausschau hielt
nach Breiten unbekannt.

Die Engel kamen grad des Wegs,
erspähten seine Not,
und hoben sanft das staubige Herz
und trugen es zu Gott.
Sandalen für den bloßen Fuß –
geborgen aus Sturm und Wind –
unstete Segel von blauen Häfen
wohl geleitet sind. (78)

Für jeden Augenblick der Lust
bezahlen wir im Vergleich
dasselbe Maß an Bitternis
und Schmerzen reich.

Für jede frohe Stunde
der mageren Jahre Preis –
bis auf den letzten Pfennig –
und Tränen kistenweis. (125)

Waidwundes Reh am höchsten springt –
so sagt der Jägersmann –
das macht – dann wird es still im Holz –
des Todes Überschwang.

Gespaltenem Fels der Quell entspringt –
gehämmerter Stahl, der schnellt –
die Wange färbt ein tieferes Rot,
wenn Hektik sie befällt.

Es wappnet sich mit Fröhlichkeit
so vorsichtig der Schmerz,
damit nur keiner Blut erspäht
und schreit: »Du bist verletzt!« (165)

Ekstase lernen durch den Schmerz –
wie Blinde Sonnenlicht!
Verdursten – in der Ahnung,
daß dort ein Bächlein bricht!

Die heimwehkranken Füße stehn
an einem fremden Strand –
sich sehnend nach der blauen Luft
in heimatlichem Land!

Dies ist der Schmerzen höchster!
Das allergrößte Weh!
Geduldig der »Bekränzten«
Gesang steigt in die Höh –

Hier lernten sie zu singen –
unhörbar in der Tat
für uns – die schwächeren Schüler
des Barden rätselhaft. (167)

Dies *eine Leben* gilt so viel!
Für dieses geb ich her
meiner Seele Reinverdienst
in endlosem Salär –

Die *eine Perle* halt ich wert –
ins Meer stürzt' ich hinein –
obwohl ich weiß, für diesen Preis
setz ich mein Leben ein!

Das Meer ist voll – ich weiß es!
Das schmält nicht *mein Juwel!*
Es glüht – vor allen andern –
intakt – im Diadem.

Das Leben ist prall – ich weiß es!
Die Menge dicht und träg –
doch Könige sind wahrnehmbar,
wie staubig auch der Weg! (270)

An Finsternis gewöhnt man sich,
wenn ausgelöscht das Licht –
wie wenn, die Lampe in der Hand –
»Lebwohl« ein Nachbar spricht.

Der Schritt schwankt einen Augenblick
in ungewohnter Nacht –
dann paßt er sich dem Dunkel an –
geht aufrecht in die Nacht.

Genau so ist die Finsternis,
die größere, im Gemüt –
der Mond kein einziges Zeichen gibt –
kein Stern im Innern steht –

Der Mutigste tappt um sich –
schlägt manchmal mit der Stirn
direkt an einen Baumstamm,
doch wenn er lernt zu sehn –

Dann ändert sich das Dunkel –
kann sein, das Auge hat
sich an die Mitternacht gewöhnt –
und er geht beinah grad. (419)

Guten Morgen, Mitternacht –
ich kehre heim –
der Tag hat mich so satt –
ich ihn? – Ach, nein.

Verweilen tät ich gerne, wenn
die Sonne lacht –
der Morgen aber will mich nicht –
mein Tag, Gutnacht.

Darf ich den Osten schauen,
der rot sich schmückt?
Die Berge haben eine Art,
die mir das Herz entrückt.

Du, Mitternacht, bist nicht so schön –
den Tag wähl ich –
doch, bitte, nimm die Kleine an –
er meidet mich. (425)

Ins Haus des Schicksals ohne Tür
tritt man vom Sonnenlicht –
dann wirft man seine Leiter fort –
denn fliehen gibt es nicht –

Es wechselt nur der Traum,
was sich da draußen tut –
wo Eichhorn spielt und Beere stirbt –
und Schierling kniet – vor Gott. (475)

Ich messe jedes fremde Leid
mit prüfend scharfem Blick –
ob es so schwer wie meines ist –
oder leichter wiegt.

Ob sie es getragen lang –
oder erst seit heut –
wann meins begonnen, weiß ich nicht –
ich trug es lange Zeit.

Ob sie wohl das Leben schmerzt –
ob sie sich geplagt –
und hätten sie die Wahl gehabt,
lieber wärn im Grab?

Ich seh, wie manchen mit Geduld
ein Lächeln wiederkehrt –
so folgen sie dem einen Licht,
das wenig Öl verzehrt –

Ob, wenn mehr als tausend Jahr
sich auf das Leid gehäuft –
Balsam diese lange Zeit
in die Wunden träuft?

Oder würd' es weitergehen
Jahrhunderte der Qual –
erleuchtet von dem größren Schmerz –
dem anderen Liebesmal?

Viele leiden aus vielen Gründen –
an jedem Ort – sagst du –
der Tod ist *einer* – er kommt nur *einmal* –
und nagelt die Augen zu –

Das Leid der Kälte – das Leid der Not –
die Art »Verzweiflung« genannt –
Verbannung aus heimatlichem Kreis –
so nahe dem Heimatland –

Obgleich ich nicht erraten kann,
wie es wirklich war –
durchzuckt mich Tröstung, wenn ich geh
vorüber an Golgatha –

Des Kreuzes Moden betrachte ich –
wie man es trägt als Kleid –
und fasziniert vermute ich
so manche Ähnlichkeit. (561)

Es GIBT ein Äußerstes an Schmerz –
das die Substanz verschlingt –
den Abgrund dann mit Trance zudeckt –
so daß Erinnerung tritt–
im Kreis – und drauf – und drüber hin –
wie ein Betäubter geht –
in Sicherheit – der offnen Augs –
hinsänke – Glied für Glied. (599)

VIEL MUSSE hat die Seele
nach einem schweren Stoß –
das weite Leben liegt vor ihr –
die Hände liegen im Schoß –

Sie bittet, gib ihr Arbeit –
gib Nadel ihr und Band –
laß Fleckchen nähn wie Kinder –
hilf ihrer leeren Hand. (618)

ICH SEH gern einen Todeskampf –
da weiß ich, der ist echt –
es heuchelt keiner Zuckungen,
und Qualen mimt man schlecht.

Das Auge bricht – das ist der Tod,
den man nicht simuliert,
die Perlen auf der Stirne stehn,
von Schmerzen arrangiert. (241)

Mit Reichtum spiele ich, damit
die Sucht nach Gold sich legt –
das hat vor Diebstahl mich bewahrt,
denn oftmals, aufgeregt

von Mangel und Gelegenheit,
könnt' ich in Sünde fallen
und leben wie die reichen Leut
auch einmal aus dem vollen –

Doch öfters, wenn mein Schicksal mir
erscheint als größte Not –
stell ich mir vor, was ich gern wär –
und einen neuen Trost

gewinnt die Armut, so auch ich –
wir fragen, ob der Mann,
der hat, die Üppigkeit so schätzt
wie ich, die niemals kann –

Wenn auf der Suche meine Hand
ein Goldbergwerk erschließt –
wenn ihr auf ungewisse Sicht
endlich Gewinn zufließt –

geschickter macht sie doch die Not –
wie gut steht ihr das Licht –
ob das Begehren schöner als
Gewähren – weiß ich nicht. (801)

BESCHRÄNKUNG nie erlebt,
wer Fülle nicht gekannt –
das Faktum Hunger gibt es nur,
wo Korn als Faktum stand.

Not – eine magere Kunst –
die umgekehrte Seit' –
die Armut, die nicht Reichtum war,
ist nicht Bedürftigkeit. (771)

ICH NAHM die Kraft in meine Hand,
um gen die Welt zu ziehn –
wie David war ich nicht so stark –
doch ich war doppelt kühn –

Ich legte meine Schleuder an –
doch fiel nur ich allein –
war Goliath zu groß für mich –
oder ich – zu klein? (540)

ICH TRAT von Plank' zu Planke
ganz vorsichtig und leis –
um meinen Kopf die Sterne,
zu Füßen Meer und Eis.

Ob dieser nächste Schritt
der letzte sei, wer weiß –
das gibt mir meinen schwanken Gang,
den man Erfahrung heißt. (875)

Aufwärts geht's den Lebenshügel –
wenn zu steil der Tritt,
wenn Entmutigung mich hemmte –
wenn der letzte Schritt

älter als die Hoffnung schiene –
wär von Tadel rein
Herz, das vornahm – Herz, das annahm
unbehaustes Sein. (1010)

Begeisterung ist jener Wind,
der uns vom Boden fegt –
in anderes Gelände führt,
das keinen Namen trägt –

doch nicht retour – dann steigen wir
hernieder nüchtern – und
ein wenig neuer durch die Zeit
auf zauberhaftem Grund. (1118)

Die ganze Wahrheit sag, doch schräg –
ein Umweg muß es sein –
zu grell für unsre schwache Lust
bricht Wahrheit jäh herein.

Wie freundliche Erklärung macht
den Blitz vertraut dem Kind,
muß Wahrheit blenden allgemach,
sonst würde jeder blind. (1129)

KEIN DING erschuf Gott ohne Grund –
das Herz ein Ziel begehrt –
voreilig ziehn wir Schlüsse aus
Prämissen ganz verkehrt. (1136)

DEM ZAUBERER ist die Geometrie
die beste Hexenkunst –
was er gewöhnlich tut, das scheint
den Menschen wahre Kunst. (1158)

DER GEIST zeigt nie die Stunde an,
die er bei sich verbracht.
Zutiefst erschrocken wäre man,
wenn eine Miene kundgetan
die unterird'sche Fracht;
der Seele Tiefgeschoß –
des größten Jammers Schrein,
den Er geschaffen hat, der darf,
gottlob, verschwiegen sein. (1225)

Wie süss der Diebstahl ist, weiß nur
als Einziger der Dieb –
das Mitleid mit der Ehrlichkeit
sein hehrstes Leiden blieb. (1470)

Dass es ohne Wiederkehr,
gibt Süße unsrem Leben.
Glauben, was doch niemand glaubt,
kann uns nicht erheben.

Denn wär es so, dann bestenfalls
ein ablatives Sein –
das fördert einen Appetit
genau aufs Gegenteil. (1741)

SPANNE MEIN LEBEN AN, O HERR

Spanne mein Leben an, o Herr,
so bin ich startbereit!
Ein Blick auf die Pferde noch –
mach schnell! Das reicht!

Setz mich auf den sichersten Platz,
daß ich nicht stürzen kann –
wir reiten heut zum Jüngsten Tag –
und manchmal geht's auch bergab.

Ich fürchte nicht den steilsten Hang,
ich fürchte nicht die Flut –
ins Ewige Rennen eingespannt –
wie ich und Du gewollt.

Adieu dem Leben, wie ich's gelebt –
der Welt, die ich gekannt –
küß mir die Berge noch einmal –
ich bin bereit zum Start. (279)

Ich wohn' im Haus der Möglichkeit –
kein schöneres als das –
mehr Fenster hat es – beßre Türen,
als Prosa je besaß –

Gemächer hoch wie Zedern,
in die kein Auge fällt –
und als ein immerwährend Dach
das blaue Himmelszelt –

Gar liebenswerte Gäste –
und mein Geschäft ist dies –
die schmalen Hände breit ich aus
und sammle das Paradies. (657)

Für glühende Tage ein schattiger Freund
wär wohl ein leichterer Fund
als einer von höherer Temperatur
für des Geistes frostige Stund.

Nach Osten steht der Wetterhahn –
scheucht Musselinherz davon –
wenn Wollstoffseelen stärker sind
als jene aus Chiffon –

Wer hat die Schuld? Der Weber?
Verblüffend sind gewirkt
des Paradieses Teppiche
aus Fäden unbemerkt. (278)

DER MOND ist ferne von der See –
und doch – mit Bernsteinhand –
so führt er sie – ein artig Kind –
zum vorbestimmten Strand.

Nie überspringt sie einen Grad –
folgt ihm, wohin er will –
sie nähert sich der Stadt so weit –
entfernt sich nur so viel.

O Herr, Dein ist die Bernsteinhand –
die weite See ist mein –
und Deinem kleinsten Augenwink
will ich gehorsam sein. (429)

WER IN SICH einen Hofstaat hat,
macht jedermann zum Herrn –
die Armut einer Monarchie,
die spielt sich ab intern.

Kein Mensch setzt ab,
wen Schicksal weiht –
wer könnte eine Kron'
verleihen dem, der sich entzweit
mit seinem eignen Thron? (803)

Man kann den Sabbath kirchlich feiern –
ich bleibe gern daheim –
ein Stärling ist der Sängerknab –
mein Garten ist der Dom –

Man kann den Sabbath im Chorhemd feiern –
ich bin nur leicht beschwingt –
und statt dem Kirchenglockenläuten –
mein kleiner Küster – singt.

Gott predigt, ein namhafter Geistlicher –
und kurz die Predigt war –
statt in den Himmel zu kommen am End,
bin ich schon immer da. (324)

Wenn eine Seele Gäste hat,
geht sie nur selten aus –
der göttliche Besuch daheim
löscht das Bedürfnis aus –

Die Höflichkeit verbietet, daß
die Wirtin sich empfiehlt,
wenn bei ihr einkehrt unser Herr,
der einer Welt befiehlt. (674)

Die Seele sucht sich ihren Umgang aus –
und schließt die Tür –
der göttergleichen Mündigkeit
fehlt keiner mehr.

Sie sieht Karossen unbewegt
am Tore stehn –
und Kaiser, die im Staub vor ihr
sich niederknien.

Ich weiß – aus großem Stamm erwählte
sie Einen –
und machte ihre Sinne dicht –
gleich Steinen. (303)

Er zupft an deiner Seele
wie Spieler am Klavier,
eh die Musik in Fülle strömt –
so kleinweis gibt Er's dir –
dein zages Herz bereitet
Er für den luftigen Schlag
von schwachen Hämmern – noch entfernt –
dann näher – nach und nach –
dein Atem kommt zur Ruhe –
die Ader kühl pulsiert –
bis Er mit einem Donnerschlag
dein nacktes Herz skalpiert.

Wenn Winde Wälder in die Pranken nehmen –
das Universum – schweigt. (315)

Wenn ich verloren wäre – jetzt,
da ich gefunden bin –
wär ich vor Freuden außer mir,
daß einmal diese Jaspistür
sich strahlend aufgetan.

Mein blöde starrendes Gesicht
beäugten Engel sanft,
berührten mich mit ihrem Vlies,
als liebten sie mich fast.

Verbannt bin ich – du weißt es –
doch diese Fremde nur erfährt,
von dem des Heilands Antlitz
sich so hat abgekehrt. (256)

In Himmel kommen!
Ich weiß nicht wann –
ich bitt' dich, frag nicht wie!
Zu groß ist meine Verwunderung –
die Antwort weiß ich nie!
In Himmel kommen!
Wie matt das klingt!
Und doch ist es vollbracht –
so sicher, wie Herden heimwärts ziehn
in des Hirten Arm zur Nacht!

Womöglich kommst du auch hinein –
wer weiß?
Wenn du zuerst erkoren –
mach ein wenig Platz für mich
bei denen, die ich verloren –
die kleinste »Robe« paßt für mich –
ein Stückchen »Diadem« –
du weißt, wir achten auf Kleider nicht,
wenn wir nach Hause gehn.

Wie gut, daß ich's nicht glaube,
der Atem bleibt mir stehn –
von dieser wundersamen Welt
möcht ich noch etwas sehn!
Wie gut, daß sie es glaubten,
die ich nicht wiederfind
seit jenem Nachmittag im Herbst,
da sie im Grabe sind. (79)

WENN ICH nun nicht mehr warten kann –
das Tor des Fleisches spreng ich dann –
und zu dir flüchte ich!

Wenn Sterblichkeit ist abgesetzt –
genug – sie hat mich tief verletzt –
in Freiheit wate ich!

Ergreifen können sie mich nicht!
Ob Kerker schreit – Kanone spricht –
ist nicht mehr von Belang –

Wie Lachen, eine Stund entrückt –
wie Spitzen – oder Schmierenstück –
der Tod vor einem Tag! (277)

VIELLEICHT wollt' ich zu Großes –
ein Himmel reicht grad hin –
denn Erden wachsen wie Beeren dicht,
wo ich zu Hause bin.

Nur Firmamente faßt mein Korb,
der lässig mir am Arme hängt –
ein Minderes bedrängt. (352)

An Perlen liegt mir nicht so viel –
da mir das Meer gehört –
an Broschen – wenn der Fürst mich mit
Rubinen überhäuft –

An Gold – da ich die Minen hab –
was soll Juwelenzier –
ein Diadem, des Domes wert,
trag ich stets über mir. (466)

Das Licht brennt sicher – innerlich –
daß Lampen Öl beziehn –
dem emsigen Docht ist's einerlei
in phosphoresken Mühn.

Der Knecht vergißt zu füllen –
das Licht brennt golden dort –
nicht wissend, daß verbraucht das Öl –
und der Sklave fort. (233)

»MEIN STROM FLIESST ZU DIR HIN«

HOFFNUNG ist ein Federding –
die Seele ist sein Ort –
und Lieder singt es wortelos –
ohn Ende – immerfort –

Am süßesten in Windesböen –
und grimmig wär der Sturm,
der dieses Vögelchen betrübt –
so viele hielt es warm.

Ich hörte es in Eis und Schnee –
auf einem fremden Meer –
doch nie erbat in seiner Not
ein Krümchen es von mir. (254)

ICH FÜHLTE den Verlust schon immer –
zuerst war die Erinnerung,
daß ich beraubt – ich weiß nicht, wessen –
für den Verdacht schien ich zu jung.

Ein Trauernder ging unter Kindern,
ich aber wanderte herum
wie einer, der ein Reich beklagte,
verbannt aus seinem Eigentum.

Älter heute, ein wenig weiser
und schwächer auch – der Weisheit Last –
bin ich heimlich noch am Suchen
nach dem verlorenen Palast.

Und eine Ahnung wie ein Finger
rührt mir die Stirne dann und wann:
ich suche in verkehrter Richtung
das Himmelreich auf seinem Plan. (959)

WÄR MIR der Himmel nie so nah gewesen,
als wählte er sich meine Tür –
die Ferne würde nicht so schmerzen –
ich hatte nicht gehofft – vorher.

Doch hören, wie die Gnade schwindet,
auf die ich nie gekommen wär' –
verloren ist sie – mir verloren –
macht den Verlust mir doppelt schwer. (472)

Es IST so gräßlich, daß es heiter stimmt –
dem Grauen so entrückt, daß es gewinnt –
die Seele starrt ihm nach voll Trost –
das Grabmal fürchtet nicht den Frost –

Gespenster schauen, ist wenig –
sie anzupacken, bändigt –
wie ist die Qual jetzt leicht –
nagender Zweifel weicht –

Wahrheit ist kalt und wild –
jedoch sie gilt –
die solches nicht vertreten,
lehren wir beten.
Allein, wer weiß – wie wir –
der hofft nicht mehr.

Den Tod anschauen, heißt sterben –
laß den Atem los –
das Kissen an deiner Wange schläft
nicht so sorgenlos.

Laß andre ringen –
für dich ist's aus –
aus öder Trübsal komm heraus –
das setzt die Ängste frei –
Schrecken verjag –
schauriger Jubeltag! (281)

Die Zeit zu beten kam für mich –
nichts anderes verschlug –
doch fehlte mir der Anfangsgrund –
mein Schöpfer – fehltest Du?

Gott oben wohnt – wer betet, muß
den Horizont begehn –
so stieg ich in den Norden auf,
den seltnen Freund zu sehn –

Es gab kein Haus – es gab kein Schild –
nicht Tür – und nicht Kamin
als Zeichen seiner Residenz –
nur luftige Prärien –

bewohnt von keinem Siedler –
war alles, was ich sah –
Unendlichkeit – hast kein Gesicht,
wie werd' ich dich gewahr?

Da ließ das Schweigen sich herab –
die Schöpfung stille steht –
den Auftrag übersteigend ward
Anbetung – aus Gebet. (564)

WIR GINGEN auf die Reise –
die Füße kamen weit –
bis an des Weges Gabelung,
genannt die Ewigkeit –

Furcht hemmte unsre Schritte –
es überlief uns kalt –
da vorne lagen Städte –
dazwischen der Totenwald –

Rückzug war ohne Hoffnung –
versperrte Wege nur –
der Ewigkeit weiße Flagge –
und Gott an jedem Tor. (616)

Es WAR zu spät für Menschen,
doch früh genug für Gott –
die Schöpfung kam zu Hilfe nicht –
es blieb nur das Gebet –

Vorzüglich ist der Himmel,
wenn Erde mir versagt –
wie gastlich ist das Angesicht
des alten Nachbarn – Gott. (623)

Es KAM mir ein Gedanke heut,
der war schon einmal da –
ich hab ihn weiter nicht verfolgt,
und weiß nicht mehr das Jahr.

Wohin er ging – warum er kam
ein zweites Mal zurück –
zu sagen, was er wirklich war,
hab ich nicht das Geschick.

In meiner Seele weiß ich, daß
ich ihm begegnet bin –
er mahnte mich – an irgendwas –
und ließ sich nicht mehr sehn. (701)

Ich zweifle, ob ich würdig bin –
ich fürchte Seinen Wert –
da sich der meine im Vergleich
als minderer erfährt –

Daß ich für Seine liebe Not
nur unzulänglich bin,
liegt als die größte Sorge mir
im schwer bedrängten Sinn.

Es stimmt, das Wesen Gottes läßt
sich gern zu uns herab –
nichts Höhres als das Selbst, worauf
das Selbst sich stützen darf –

So richte ich – Er wählte mich
als sein unheilig Haus –
wie einer Kirche Sakrament
nun meine Seele aus. (751)

EIN SEGEN kam, der größer noch
als alle andren schien –
nicht messen wollte ich – mich riß
die schiere Größe hin –

Um dieses kreiste mein Gebet –
bis dahin träumte ich –
ein lähmendes, perfektes Glück –
Verzweiflung wonniglich –

Ich litt nicht Not, nicht Kälte mehr –
Gespenster allesamt –
vor diesem neuen Seelenwert –
der über allem stand –

Der Himmel unten färbte tief
den Himmel oberhalb –
des Lebens Breite neigte sich –
auch das Gericht erstarb –

Warum Glückseligkeit so rar –
und Eden sich so ziert –
was kümmert's mich, daß man die Flut
in Tassen uns serviert? (756)

MEIN GLAUBE ist größer als Gebirg –
fängt dies zu wanken an,
nimmt er das Purpurrad und weist
der Sonne ihre Bahn –

Erst steigt sie auf den Wetterhahn –
und dann den Berg hinauf –
dann geht sie in die weite Welt –
nimmt golden ihren Lauf –

Und wenn ihr gelber Fuß versagt –
kein Vogel flög im Strauch –
die Blumen schliefen auf dem Stiel –
die Himmelsglocken auch –

Wie dämm' ich einen Glauben ein,
der trägt die ganze Welt –
er ist die Niete in dem Band,
das unsren Himmel hält. (766)

EIN SELBST wie eine Säule –
wär breitester Verlaß
in Aufruhr oder bittrer Not –
wie gut Gewißheit, daß

der Hebel ohne Wirkung –
der Keil, er spaltet nicht
die Zuversicht – Grund aus Granit –
wenn niemand für mich spricht –

Hinreichend – statt der Menge –
sind Selbst und rechte Tat –
und die Versammlung, die so nah
dem höchsten Wesen – Gott. (789)

JEDER Umstand setzt den Rahmen
Seinem Angesicht –
Länge, Breite sind die Namen
Seines Raumbegriffs –

Licht – Sein Tun, und Dunkel – Muße,
die Sein Wille schafft –
dient und dankt in Ihm des Daseins
rätselvolle Kraft. (820)

NICHT, was wir taten, wird geprüft,
wenn Tat und Wille ruhn:
was wir gewollt, als Er uns rief
zu göttlicherem Tun. (823)

AN NACHRICHT hab ich weit und breit
nur Meldung immerfort
von der Unsterblichkeit.

Ich sehe im Theater heut
und morgen ebenfalls
nur eins: die Ewigkeit.

Gott ist mein einziger Verkehr –
der einzige Weg – das Sein –
wenn ich den überquer

und finde andre Nachricht hier –
ein besseres Schauspiel –
sag ich's dir. (827)

HIELT ICH Dich für trügerisch,
zerstörtest Du die Schwelle,
auf der mein Glaube Block für Block
baut seine Zitadelle. (1007)

FERN VON Liebe führt der Vater
das erwählte Kind,
öfter über Dornenhalden
als durch Fluren mild.

Öfter durch des Drachen Krallen
als durch Freundeshand
leitet er den Auserwählten
in das Heimatland. (1021)

Dies Herz, befleckt und klein –
mein freies Eigentum –
gewann ich für ein Brötchen –
ein scheckiges Heiligtum.

Doch annehmbar und recht
dem, der vermag zu sehen
der Seele Angesicht,
nicht ihre Zehen. (1311)

Dich preisen – kann ich's? Also gut,
nichts Neues ist's gewiß –
als nur die reinste Wahrheit,
daß Du vom Himmel bist.

Dich wahrzunehmen, ist Beweis,
daß auch wir himmlisch sind,
Anteil an Dir die Garantie,
daß wir unsterblich sind. (1643)

Der Raum hat seine Einsamkeit,
und einsam ist das Meer,
der Tod ist Einsamkeit, und doch
sind sie geselliger,
verglichen mit dem tiefen Ort
der innersten Polarität,
die Seele, zu sich selbst gelangt –
finite Infinität. (1695)

Der schweigsame Vulkan bewahrt
den nie vergeßnen Plan –
seine Projekte rosenrot
vertraut er keinem an.

Wenn die Natur nicht weitersagt,
was Gott ihr mitteilt frei,
kann Menschenwesen nicht bestehn
ohne Horcherei?

Versiegelt ist ihr Mund, er warnt
vor der Geschwätzigkeit –
nur *ein* Geheimnis wahrt der Mensch –
seine Unsterblichkeit.

EINE FLIEGE SUMMTE, ALS ICH STARB

EINE FLIEGE summte, als ich starb –
die Stille in dem Raum
wie in der Luft die Stille war
zwischen Wind und Sturm –

Die Augen hatten ausgeweint –
der Atem ging gefaßt –
wenn dieser letzte Sturm bezeugt
des Königs Gegenwart –

Die Andenken vermachte ich,
gab her den alten Kram,
was noch von mir verschenkbar ist,
als eine Fliege kam –

Ein blaues, schwirrendes Gesumm
verstellte mir das Licht –
die Fenster sanken – was ich sah,
sehen konnt' ich nicht. (465)

Da ich nicht anhielt, gab der Tod
mir freundlich sein Geleit –
die Kutsche hatte Platz für uns –
und die Unsterblichkeit.

Wir fuhren langsam, ohne Hast –
da legte ich beiseit
die Arbeit, meine Muße auch
vor seiner Höflichkeit –

Vorbei an Schule – Kinderspiel
die ganze Pause lang –
vorbei an Feldern satten Korns,
am Sonnenuntergang –

Vielmehr, er kam an uns vorbei –
der Tau fiel fröstelnd kühl –
aus leichter Gaze war mein Kleid –
mein Umhang nur aus Tüll –

Wir hielten an vor einem Haus –
ein Hügel war's aus Lehm –
sein Dach war beinah unsichtbar –
der Dachfirst stak im Lehm –

Seitdem vergingen hundert Jahr –
viel schneller, wie mir schien,
als jener Tag, da ich geahnt,
wohin die Pferde ziehn. (712)

ICH STARB um Schönheit – und war kaum
im Grab zurechtgelegt,
als Einer, der um Wahrheit starb,
die Nebengruft belegt –

Er fragte leis, was mir gefehlt –
»Die Schönheit«, sagte ich –
»Die Wahrheit mir – s'ist eins – wir sind
Verwandte sicherlich.«

Wir sprachen wie Geschwister dann
in unserm Grab bei Nacht –
bis Moos an unsre Lippen wuchs –
die Namen löschte sacht. (449)

BEGRÄBNIS stand mir im Gehirn,
der Trauergäste Schar,
die trampelte – und trampelte –
bis Sinn zertreten war –

Und als sie alle sich gesetzt,
da fing die Andacht an –
und trommelte – und trommelte –
bis mir das Hirn gerann –

Sie hoben einen Kasten auf
und knirschten in mein Gemüt
mit bleiernen Stiefeln – da begann
im Weltraum ein Geläut –

Die Glocke war das Firmament
und Dasein bloßes Ohr –
ich und die Stille – ein fremder Stamm –
zerstört, allein davor –

Dann brach ein Balken im Verstand,
ich fiel und fiel so tief –
stieß Welten an mit jedem Sturz,
und Wissen hörte auf. (280)

Das Sterben verwundet uns nicht so –
das Leben verletzt uns mehr –
denn Sterben ist nur ein anderer Weg –
wie hinter einer Tür –

Nach Süden zieht der Vögel Schwarm,
bevor es noch gefriert –
fliegt günstigere Breiten an –
wir andern bleiben hier.

Erbittend an des Farmers Tür –
zitternd – mißgönntes Brot –
bis Schnee der Federn sich erbarmt
und uns nach Hause holt. (335)

Wie kurz sind wir auf Erden –
wie zahlreich die Beschwerden –
wie absolut das Leiden –
jedoch, was tut's?

Ich denk', wir könnten sterben –
die besten Kräfte werden
im Untergang verderben –
jedoch, was tut's?

Ich denke, daß im Jenseits
wird wettgemacht das Diesseits –
und einen Ausgleich gibt es –
jedoch, was tut's? (301)

Das Herz zerbricht am Knüppel nicht,
an keinem Stein –
eine Peitsche gibt's, die man nicht sieht,
sie ist so klein.

Die schlägt das magische Geschöpf,
bis es zerbricht,
doch dieser Peitsche edlen Namen
sag ich nicht.

Großmütig wie der Vogel, den
ein Knab' erspäht –
weiht er noch sein Lied dem Stein,
der ihn erschlägt.

Zu ducken braucht sich keine Schmach
im Erdensein –
erhobnen Hauptes stehe, Schmach –
das All ist dein. (1304)

Sie starb mit solchem Stolz,
beschämte unsren Sinn,
da unser höchstes Gut so fremd
ihren Wünschen schien –
So willig ging sie an
den Ort, den keiner sucht,
daß sich erniedrigt unser Leid
beinah zur Eifersucht. (1272)

FEINE, sichre Häuser –
frohe, muntre Häuser –
hinter Riegel und Schloß –
Dach aus Stahl gedeckt auf Marmor –
bloße Füße – raus!

Samtner Bach an seidigen Ufern
rieselt nicht so mild,
wie das Lachen und das Flüstern
der Bewohner klingt –

Nackter Tod flieht ihre Stuben –
freche Krankheit greift
nicht nach ihren stolzen Schätzen –
Leid und Totengruft–

passieren in verhängten Kutschen –
wundert es sie nicht –
warum, um eines Lächelns willen,
man Sterben unterbricht? (457)

Ich leb mit ihm – ich sehe ihn –
mir steht nicht mehr der Sinn
nach Gästen – Sonnenuntergang –
bin mit dem Tod intim.

Er kommt der eignen Wahl zuvor –
versagt mir aus dem Grund,
daß er ein dunkles Recht besitzt,
den andren Ehebund –

Ich leb mit ihm – ich höre ihn –
ich steh im Leben heut –
und lege sichres Zeugnis ab
für die Unsterblichkeit –

Im Abseits lehrte mich die Zeit
Gewißheit jeden Tag,
daß dieses Leben weitergeht –
soll richten, wer da mag. (463)

Die Sonne sank – und sank – jedoch
ich spürte keinen Hauch
von Nachmittag im Dorf – es war
Mittag im Hause auch –

Die Dämmerung fiel – und fiel – jedoch
kein Tau das Gras bestickt –
er weilte nur auf meiner Stirn
und netzte mein Gesicht –

Mein Fuß war schläfrig – schläfrig – doch
die Finger ganz erwacht –
warum mein Selbst so wenig Laut
auf meinem Scheinen macht?

Wie kannte ich vorher so gut –
und könnt' jetzt sehn, das Licht –
im Sterben liege ich – jedoch
dies Wissen fürcht' ich nicht. (692)

Ein Sarg – ist nur ein kleines Reich,
obwohl es manchen birgt,
der Bürger ist im Paradies,
im schmalen Holzgeviert.

Ein Grab – so eng – ist weiter doch
als Sonne und das Meer,
das Er bevölkert – Ländereien,
geschaut von oben her.

Für einen, den dies Ruhebett
vom einzigen Freunde trennt –
ist's Umfang ohne Linderung,
ohn Maßen, ohne End. (943)

Die Überzeugung der Chemie,
daß nichts verlorengeht,
gibt Zuversicht, wenn mein Alarm
auf Katastrophe steht.

Wenn der Atome Angesicht
ich dereinst wiederfind',
dann um so mehr Vollendete,
die hingegangen sind. (954)

DER TOD ist nur ein Zwiegespräch
des Geistes mit dem Staub.
»Vergeh«, spricht Tod – der Geist sagt: »Herr,
ich kann nicht, mit Verlaub.«

Der Tod bezweifelt – argumentiert –
der Geist, der läßt ihn stehn,
und zum Beweis legt er nur ab
sein Überkleid aus Lehm. (976)

DER TODESSTOSS treibt manchen in das Leben,
der bis zum Sterben nicht lebendig war –
hätt' er gelebt, er wäre todesstarr,
doch als er starb, war ihm die Kraft gegeben. (816)

ZU STERBEN – ohne Sterben,
zu leben – ohne Leben,
ist als der Wunder schwierigstes
dem Glauben aufgegeben. (1017)

WEIL SOLCHE starben, nehme ich
den Tod gelassener hin –
daß Solche lebten, das bezeugt,
daß ich unsterblich bin. (1030)

(Anläßlich der Verlobung von T. W. Higginson mit Mary Potter Thacher, Dezember 1878)

Lieber Freund!
Ich hörte, daß Sie die Straße nach Indien gefunden haben, die Columbus suchte –
Niemand ist glücklicher, daß ihr Meister glücklich ist, als Ihre dankbare Schülerin. Die vornehmste Gratulation, die auszusprechen mir je zufiel, ist die, daß Sie – Sie selbst sind.
Erst wenn sie lieben, können Mann oder Frau sie selbst sein – unserer ursprünglichen Schöpfung sind wir nicht bewußt –

DAS LEBEN war uns unbewußt –
wie unsere Todeszeit –
Unwissenheit ist unser Schild –
wir tragen Sterblichkeit
so leicht wie ein gewähltes Kleid,
auf Widerruf gebraucht –
im Einbruch kündigt Gott sich an –
das Leben tut es auch. (1462)

Geschäftig geht's im Hause zu
nach einem Tod – es wird
die feierlichste Emsigkeit
auf Erden inszeniert.

Man fegt das Herz hinweg,
die Liebe wird verräumt,
da sie nun nicht mehr in Gebrauch
bis hin zur Ewigkeit. (1078)

Es graut uns vor dem Schweigen.
Erlösung, wenn man spricht –
doch Schweigen ist Unendlichkeit
und ohne Angesicht. (1251)

Der Anfang und das Ende
des Daseins sind gleichviel,
ihr Unterschied ist höchstens
wie Blüten auf einem Stiel.

Wenn aus dem gleichen Samen
die gleiche Knospe wird
ganz parallel – Vollendung
liegt darin, daß sie stirbt. (1047)

Ein Abgrund – doch drüber der Himmel –
und Himmel daneben, Himmel jenseits,
und dennoch ein Abgrund –
darüber der Himmel.

Bewegen wär stolpern –
schauen wär stürzen –
träumen wär kürzen,
was mich noch hält.
O Abgrund! Darüber der Himmel!

Ich denk nur an die Tiefe –
die Füße frag ich nicht –
wir schössen, wo wir sitzen,
so steil auf, daß du nicht
an einen Abgrund dächtest,
mit Klaftern unter sich –
es ist derselbe Kreislauf.
Same – Sommer – Gruft –
wes Untergang wen ruft? (1712)

DER LIEBE GANZHEIT LERNTEN WIR

DER LIEBE Ganzheit lernten wir –
das Alphabet – ein Wort –
Kapitel – bis das mächtige Buch
uns nichts mehr offenbart –

In unseren Augen sahen wir
Unwissenheit so blind
wie in der Kindheit – göttlicher –
und waren einander Kind –

Erklärung suchten wir dafür,
was keins von uns verstand –
wie ist die Weisheit doch so groß –
und Wahrheit vielgestalt! (568)

AM HÖHEPUNKT des Sommers kam
ein Tag für mich allein –
ein solcher, dacht' ich, käme nur,
wenn Heilige auferstehn –

Die Sonne ging wie üblich aus,
die Blüte war, als hätt'
die Seele nicht den Punkt erreicht,
wo alles neu ersteht –

Wir mieden das Symbol des Worts –
Entweihung, die benennt –
so überflüssig wie das Kleid
des Herrn beim Sakrament –

Für diese Kirche bürgten wir,
gerufen zum Abendmahl –
daß wir am Tisch des Herrn so plump
nicht stehen das nächste Mal.

Die Zeit entglitt, von gieriger Hand
gerafft, wie Gesichter sehn
vom Deck auf Schiffen, die plangemäß
in verschiedene Richtung gehn.

Als ganz verronnen unsre Zeit,
das Kreuz des andren band
ein jedes ohne äußeren Laut –
es war das einzige Pfand –

Genug, wir werden auferstehn –
das Grab wird abgesetzt –
der Liebe Kreuz berechtigt uns
zum neuen Hochzeitsfest. (322)

Ich lieb Dich, Herr – warum?
Darum.
Der Wind fragt nicht den Grashalm,
warum – wenn er vorüberweht –
das Gras nicht aufrecht steht.

Er weiß es doch –
und Du weißt's auch –
wir wissen's nicht –
die Weisheit reicht,
daß es so sei.

Das Auge fragte nie der Blitz,
warum es zu, wenn er dabei –
er weiß, es redet nichts –
und Gründe gibt's –
mit Worten nicht zu deuten –
beliebt bei feineren Leuten –

Der Sonnenaufgang zwingt mich, Herr –
ich sehe ihn – denn das ist Er –
ich liebe Dich –
daher. (480)

GELIEBTE sind vom Tod befreit,
denn Liebe ist Unsterblichkeit,
stellt eine Göttin vor –

Der Liebende hat's auch geschafft,
denn Liebe steigert Lebenskraft
zu Göttlichkeit empor. (809)

DIE LIEBE geht dem Leben vor –
sie folgt des Tods Gebärde –
Initial der Schöpfung und
der Exponent der Erde. (917)

Es HÄTTE nicht umsonst gelebt,
wer retten kann ein Herz,
das brechen will vor Lebensmüh,
wer lindert einen Schmerz,

Wer einer matten Drossel hilft,
die heim zum Neste strebt,
hat nicht umsonst gelebt. (919)

WIE UNBEMITTELT ist,
wer im Golde stark –
er findet jedesmal
den schäbigen Betrag –
wenn Liebe mit 'nem Groschen
respektlos zeigt,
daß alle Schätze Indiens
nur Nichtigkeit. (1477)

Dankbarkeit ist nicht Erwähnung
einer Liebestat,
sondern stille Anerkennung,
die nicht Worte hat.

Bleibt das Meer die Antwort schuldig
Leine oder Lot –
was beweist's – Sein Bett ist tiefer
als dein Angebot. (989)

Binde mich – noch kann ich singen –
banne mich – die Mandolinen
klingen innerlich –

Schlage mich – mein Geist wird steigen
jubelnd auf zum Himmelsreigen –
dir gehöre ich. (1005)

Briefe

(Abiah Root war eine enge Jungendfreundin, die E. D. in der Amherst Academy kennenlernte. Im Unterschied zu E. D. schloß A. R. sich der Erweckungsbewegung an und wurde »Christin«. Mit ihr tauschte E. D. sich am meisten über dieses sie absorbierende und gleichzeitig bedrückende Thema aus.)

An Abiah Root (31. Januar 1846)

Fast hätte ich mich überreden lassen, Christin zu werden. Ich meinte, daß ich nie wieder so gedankenlos und weltlich sein könnte, und ich darf sagen, daß ich noch nie einen so vollkommenen Frieden und ein solches Glück verspürt habe wie in der kurzen Zeit, als ich fühlte, daß ich meinen Heiland gefunden hatte. Doch bald vergaß ich mein Morgengebet, oder es fiel mir zur Last. Eine nach der anderen kehrten die alten Gewohnheiten zurück, und ich machte mir weniger aus Religion als je zuvor. Ich erwartete mit Sehnsucht Nachricht von Dir – um zu erfahren, zu welchem Entschluß Du gekommen seist. Ich hoffe, Du bist eine Christin, denn ich fühle, daß es unmöglich ist, glücklich zu sein, ohne einen Schatz im Himmel zu haben. Ich empfinde, daß ich niemals glücklich sein werde, wenn ich Christus nicht liebe.

Wenn ich am glücklichsten bin, versetzt mir jede Freude einen Stich. Ich finde keine Rose ohne Dornen. In meinem Herzen ist eine schmerzhafte Leere, von der ich überzeugt bin, daß die Welt sie nie wird ausfüllen können. Ich bin weit davon entfernt, über den Gegenstand der Religion nicht nachzudenken. Ich höre Christus ständig zu mir sagen: Tochter, gib mir dein Herz. Wahrscheinlich hast Du schon längst

Deine Entscheidung getroffen. Vielleicht hast Du die vergänglichen Freuden der Zeitlichkeit für die Krone der Unsterblichkeit eingetauscht. Vielleicht haben die Himmlischen ihre Harfen auf mehr als einen erlösten Sünder eingestimmt. Ich hoffe, daß die Himmelspforten sich irgendwann zu meinem Empfang auftun werden und die Engel sich bereit erklären, mich Schwester zu nennen. Ich schiebe es ständig auf, Christin zu werden. Böse Stimmen raunen mir ins Ohr – dafür sei immer noch Zeit genug. Ich fühle, daß ich mit jedem Tag meines Lebens mehr sündige, indem ich mein Herz den Gnadenangeboten verschließe, die so frei auf mich zukommen. – Im vergangenen Winter fand hier eine Erweckung statt. Jung und alt drängte sich zu den Versammlungen. Es war, als ob diejenigen, die über ernste Dinge am lautesten spotteten, sich als erste bekehren ließen, ihre Macht einzugestehen und sich zu Christus zu bekennen. Es war wirklich wunderbar zu sehen, wie nahe der Himmel den sündigen Sterblichen kam. Viele, die nichts von Religion hielten, entschlossen sich, ein einziges Mal hinzugehen, um zu sehen, ob etwas dran sei, und schmolzen sofort dahin.
Vielleicht wirst Du es nicht glauben, liebe A., aber ich nahm im letzten Winter an keinem Erweckungsgottesdienst teil. Ich fühlte, daß meine Erregbarkeit mich wieder täuschen könnte, und hatte nicht den Mut, mir selbst zu vertrauen. Viele sprachen ernsthaft und liebevoll mit mir, und ich war beinahe geneigt, mich dem Ruf dessen, der größer ist als ich, anheimzugeben. Wie undankbar von mir, Tag für Tag von der Großmut Christi zu leben und mich immer noch

in einem Zustand der Feindschaft ihm und seiner Sache gegenüber zu befinden.
Erscheint Dir nicht die Ewigkeit als etwas Furchtbares? Ich denke oft darüber nach, und sie erscheint mir so finster, daß ich beinahe wünschte, es gäbe keine Ewigkeit. Zu denken, daß wir ewig leben müssen und nie aufhören zu sein! Es scheint, als ob der Tod, den alle so fürchten, weil er uns in eine unbekannte Welt entläßt, eine Erlösung wäre von einem so endlosen Zustand des Daseins. Ich weiß nicht warum, aber mir scheint, daß ich nie aufhören werde, die Erde zu lieben. – Ich kann mir, auch wenn ich meine Phantasie noch so bemühe, die Szene meines eigenen Todes nicht vorstellen. Mir kommt vor, daß ich meine Augen nie im Tode schließen werde. Mir will nicht in den Sinn, daß das Grab jemals meine letzte Ruhestätte sein sollte – daß meine Freunde an meinem Sarge weinen und daß mein Name genannt würde als eine, die aufgehört hat, unter den Lebenden zu weilen, und daß man sich fragte, wohin mein körperloser Geist entflohen sei. Es geht mir nicht ein, daß die Freunde, die ich in der Blüte ihrer Jugend habe hinschwinden sehen wie Tautropfen in der Sonne, nicht wieder auf der Straße gehen und ihre Rolle in dem großen Drama des Lebens spielen werden, noch begreife ich, daß ich ihnen, wenn wir uns wiedersehen, in einer ganz anderen Welt als dieser begegnen soll. Ich hoffe, daß wir vor Gottes Richterstuhl alle freigesprochen und willkommen geheißen werden – wohl getan, meine guten und getreuen Diener, gehet ein in die Freude des Herrn! Ich würde gerne wissen, ob wir im Himmel miteinander bekannt sein werden, und ob

wir ein auserwählter Freundeskreis sein werden wie hier. Ich bin geneigt, es zu glauben – und daß unsere Liebe reiner sein wird als auf Erden. Ich fühle, daß das Leben kurz ist und die Zeit flieht – und daß ich jetzt Frieden schließen sollte mit meinem Schöpfer – ich hoffe, daß die goldene Gelegenheit nicht zu fern ist, da mein Herz bereit sein wird, sich Christus hinzugeben, und daß alle meine Sünden aus dem Buch der Erinnerung getilgt werden.

(Jane Humphrey zählte ebenfalls zu dem engsten Kreis von fünf Freundinnen, dem auch Abiah Root angehörte. Wie E. D. besuchte J. H. das Mount Holyoke Seminary for Women; später war sie Lehrerin an der Amherst Academy. »Vinnie« ist E. D.'s Schwester Lavinia; »Abby, Mary, Jane« – Jugendfreundinnen.)

AN JANE HUMPHREY (3. April 1850)

Der Ruf Christi ergeht hier an jeden, und alle meine Gefährten sind ihm gefolgt, selbst meine geliebte Vinnie glaubt, daß sie ihn liebe und ihm vertraue, und ich stehe allein als Rebellin da und werde sehr liederlich. Abby, Mary, Jane und am meisten meine Vinnie, haben gesucht, und alle glauben, sie hätten gefunden. Ich kann Dir nicht sagen, *was* sie gefunden haben, aber *sie* halten es für etwas Kostbares. Ob es das *wirklich* ist? Wie seltsam ist diese Heiligung, die eine solch wunderbare Wandlung bewirkt, den Samen in solche Verderbtheit pflanzt und sich in solcher Herrlichkeit erhebt, die Christus zur Erde bringt, sich ihm

zeigt und ihn seine Freunde erwählen läßt! Untertags scheint es wie Sonntag zu sein, und ich warte darauf, daß die Glocke läutet, und abends ist es noch merkwürdiger – da erhebt sich ernst die »leise Stimme des Gewissens« und läutet, und kehrt zurück und verweilt, und die Gesichter der guten Menschen, von einem strahlenden Heiligenschein umgeben, leuchten, während die Ungehorsamen den Blick senken und sich schämen. Das kommt gewiß von Gott – und ich glaube, daß es ein Segen ist, dieses zu empfangen – nicht, daß ich das aus *mir* wüßte, sondern von denen, die eine Wandlung durchgemacht haben. Sie erscheinen so gelassen, ihre Stimme ist so freundlich und sanft, und es stehen ihnen so oft Tränen in den Augen, daß ich wirklich glaube, ich beneide sie ... Du mußt beten, wenn die anderen schlafen, daß auch mir die Hand gereicht werde und daß sie mich fortführen möge.
Wie lange ist es her, seit Du mich verlassen hast? Ist die Zeit im Flug oder schleppend vergangen – war sie mit Hoffnung und Zukunft erfüllt, oder Wüste und einer trüben Wildnis – ohne daß einer den Weg wußte? Ich würde Dir am Abend von vielen, seltsamen Dingen ins Ohr flüstern – und bei den Laternen der Ewigkeit Deine Gedanken und Deine Antwort in Deinem Gesicht lesen, und darin finden, was Du über mich dachtest, und was ich getan habe und was ich tue. Ich weiß, Du würdest staunen, ob aus Freude oder Enttäuschung, das zu sagen, steht mir nicht zu – ich habe seltsame Dinge gewagt – kühne Dinge, und habe niemanden um Rat gefragt – ich lieh reizenden Verführern mein Ohr, doch ich meine nicht, daß ich

unrecht tat. O ich hatte meine zuverlässige Jane so nötig – meine ermutigende Freundin und aufrichtige Ratgeberin, meinen Fels und meine starke Helferin! Ich könnte machen, daß Du um mich bebtest und sehr in Sorge um mich wärst und dich fragtest, wie das wohl ausgehen mag – o Jennie, es wäre eine Erleichterung für mich, zu Deinen Füßen zu sitzen, in Deine Augen zu sehen und dir zu gestehen, was nur Du allein wissen sollst, eine Erfahrung bitter und süß, aber das Süße betörte mich so – und das Leben hatte ein Ziel, und die Welt war zu kostbar für Deine arme, sich mühende Schwester! Der ganze Winter war ein Traum, und der Frühling hat mich noch nicht erweckt, ich möchte immerfort schlafen und träumen, und nie sollte es Morgen werden, solange die Nacht so gesegnet ist. –

Was hast Du Dir aus diesen Fäden zusammengesponnen? Denn ich weiß wohl, daß Du nicht müßig warst, während ich zu Dir sprach – bring es näher ans Fenster und laß mich sehen – es ist ganz verkehrt, wenn nicht ein Goldfaden drin ist, eine lange, große, leuchtende Faser, die alle anderen überdeckt – und die in den Himmel entschwinden wird, während Du sie hältst, und von dort wird sie zu mir zurückkehren. Ich hoffe, daß Glaube und Gewißheit und vollkommenes Vertrauen nichts Böses sind – und ein gewisses Zwielichtgefühl, bevor der Mond aufgeht – ich hoffe, daß in der menschlichen Natur Wahrheit ist – o ich bete darum, daß ich mich nicht täuschen möge – ich vertraue, ich halte es wert und bin sehr zuversichtlich. Kannst Du Dir aus all dem träumen lassen, was ich meine? Niemand denkt an die Freude, niemand errät sie – allem Anschein nach bin ich besetzt von den alten Dingen, und die neuen offenbaren sich nicht, aber jetzt gibt es nichts Altes mehr, die Dinge setzen Knospen an, sie schlagen aus und singen, und Du könntest denken, Du befändest dich in einem grünen Hain, und es sind seine Zweige, die kommen und gehen. Irgendwann werde ich Dich sehen, Liebste, und dieses Irgendwann ist vielleicht nicht fern, versuche, schnell zu wachsen und wirklich zu leben, auszuharren und in Geduld zu warten – und die Belohnung *kann nicht* ferne sein. Sei stark, Jennie, im Gedenken, laß Vergangenes nicht auf sich beruhen – liebe das, woraus Du gemacht bist, und behalte uns lieb, wenn auch nur ein wenig.

An Abiah Root (7. und 17. Mai 1850)

Wenn ich nicht in der Küche arbeite, sitze ich bei Mutter, erfülle ihre kleinen Bedürfnisse – und versuche, sie aufzuheitern und zu ermutigen. Ich sollte froh und dankbar sein, daß ich jetzt irgend etwas tun *kann,* aber ich fühle mich so einsam und bin in solcher Sorge um ihre Wiederherstellung. Nur *einmal* habe ich aufbegehrt, und Du sollst erfahren warum. Als ich einmal zu Mittag das Geschirr in unserer kleinen »Spülkammer« wusch, hörte ich ein vertrautes Klopfen, und ein Freund, den ich *sehr* liebe, kam und forderte mich auf, eine Spazierfahrt in die Wälder mit ihm zu unternehmen, in die süßen, stillen Wälder, und ich hätte es für mein Leben gern getan. Ich sagte ihm, ich könnte nicht, und er sagte mir, wie enttäuscht er sei – er hätte mich so gerne mitgenommen – und dann traten mir die Tränen in die Augen, obgleich ich versuchte, sie zurückzuhalten. Er sagte, ich *könnte* und *sollte* mitkommen, und es schien mir sehr ungerecht. Ich kämpfte gegen eine große Versuchung an, und sie kostete mich viel Selbstverleugnung, aber ich glaube, am Ende trug ich den Sieg davon, keinen rühmlichen Sieg, Abiah, bei dem man die Trommel schlagen hört, sondern eine Art hilflosen Sieg, wo der Triumph von alleine kommt, die leiseste Musik, müde Soldaten, kein wehendes Banner, noch lautes Siegesgeschrei. Ich hatte von den Versuchungen Christi gelesen, und wie sie den unsrigen gleichen, nur daß er eben nicht sündigte. Ich überlegte, ob *eine* der meinigen glich und ob sie ihn ärgerte – ich wußte es nicht; glaubst Du, daß er sich je ärgerte?

Ich verrichtete fröhlich meine Arbeit, summte ein Liedchen, bis Mutter eingeschlafen war, weinte dann aus Leibeskräften, und dachte wohl, daß mir großes Unrecht widerfahren und daß diese böse Welt solch hingebungsvoller und furchtbarer Leiden nicht würdig sei. Dann kam ich wieder zu mir mit meinen diversen Sinnen und faßte einen mächtigen Groll gegen das Leben, gegen die Zeit und die Liebe zu Trübsal und Schmerz.

Was sollen wir tun, meine Liebste, wenn der Prüfungen immer mehr werden, wenn das schwache, einsame Licht verlischt, wenn es finster wird, so finster, und wir umherwandern, und nicht wissen wo, und nicht aus dem Wald herausfinden – wessen Hand wird uns helfen, uns führen und ewig leiten? Sie re-

den von einem »Jesus von Nazareth« – kannst Du mir sagen, ob er es ist?
Ich nehme an, Du hast von Abby gehört und weißt, woran sie jetzt glaubt – sie ist ein liebenswürdiges, christliches Mädchen. Die Religion hat ihr Gesicht ganz verändert – es ist ruhiger geworden, doch strahlend, heilig, voll von Freude. Sie spricht ganz offen über sich, scheint den Herrn Jesus Christus innig zu lieben und darüber nachzudenken, mit Verwirrung über ihr früheres Leben. Es erscheint ihr ganz schwarz und fern, und Gott und der Himmel sind nahe – sie hat sich gewiß sehr verändert.
Sie hat Dir erzählt, wie es hier zugeht, vom Ruf der »leisen Stimme des Gewissens«, und wie die Leute darauf hören und daran glauben und ihr wahrhaftig folgen – wie feierlich und heilig es hier ist, und wie die Schlechten sich fortstehlen und sich grämen – nicht wegen ihres schlechten Lebens, sondern wegen dieser seltsamen Zeit und der großen Verwandlung. *Ich* bin eine von den zaudernden *Schlechten,* und so stehle auch *ich* mich davon und halte inne und grüble, und grüble und halte wieder inne, und arbeite, ohne zu wissen warum – gewiß nicht für diese flüchtige Welt, und mit noch größerer Gewißheit nicht für den Himmel – und ich frage mich, was diese Botschaft *bedeutet,* um welche sie so inständig bitten. *Du* kennst diese Tiefe und Fülle – kannst Du versuchen, mir davon zu berichten?
Es ist Freitag, meine liebe Abiah, schon eine Woche später, und dennoch ist meine Mission nicht erfüllt – und Dich habe ich so traurig vernachlässigt, und Du weißt nicht den Grund. Wohin, meinst Du, habe ich

mich verirrt, und von welchem neuen Auftrag bin ich zurückgekehrt? Ich komme ... von demselben Ort, von dem Satan kam, als Gott ihn fragte, wo er gewesen sei, und ohne weitere Ausschmückung will ich Dir sagen, daß ich träumte – ich träumte einen *goldenen* Traum, die ganze Zeit über mit weit offenen Augen, und ich nehme an, daß es beinahe Morgen ist, und außerdem habe ich gearbeitet und die »Speise der Vergänglichkeit« herangeschafft, den ängstlichen Staub aufgescheucht und bin gehorsam und liebenswürdig gewesen. *Ich* nenne das liebenswürdigen Gehorsam, aber in den Büchern, worin die Schatten schreiben, gibt es dafür vielleicht einen anderen Namen. Noch bin ich die Königin des Hofstaats, wenngleich die Zeichen meiner königlichen Würde Staub und Schmutz sind. Ich habe drei getreue Untertanen, die ich gerne aus meinem Dienst entlassen würde. Mutter ist noch leidend, doch schon zum Teil genesen – Vater und Austin schreien noch immer nach Nahrung, und ich füttere sie wie eine Märtyrerin. Du würdest Dich gewiß am Anblick dieser Fesseln großer Verzweiflung weiden, wie ich mich umsehe in meiner Küche, um gütige Erlösung flehe und »beim Bart Omars« erkläre, daß ich mich noch nie in einer so mißlichen Lage befunden habe. Ich glaube, ich sagte »meine« Küche, möge Gott verhüten, daß sie die meine sei oder jemals werde – möge Gott mich davor bewahren, was man *Haushalt* nennt, es sei denn der lichte des »Glaubens«!

Fürchte Dich nicht vor meinen Verwünschungen, sie haben noch nie jemandem geschadet, und ich fühle mich dadurch so beruhigt und um vieles wohler in meiner Haut!

(Leonard Humphrey war Lehrer an der Amherst Academy und starb 1850 im Alter von 27 Jahren – einer der frühverstorbenen, geliebten Jugendfreunde von E. D. – Jane Humphreys Vater war seit zwei Jahren tot.)

AN JANE HUMPHREY (etwa April 1852)

Ich befürchte, daß ich in meinem geliebten Heim selbstsüchtig werde, aber ich liebe es so sehr, und wenn eine nette Freundin mich einlädt, sie für eine Woche zu besuchen, blicke ich meinen Vater, meine Mutter und Vinnie an und alle meine Freunde, und sage – nein, ich kann sie nicht verlassen, sie könnten ja sterben, wenn ich fort bin; liebe Freundin – ich bitte Dich, mich zu entschuldigen! Dein Heim ist zerbrochen, Jennie, meines ist heil. Das macht einen sehr traurigen Unterschied, und wenn ich mehr darüber nachdenke, erscheint es mir so seltsam wie am Anfang, daß Du es verlassen konntest.
Wenn Gott wollte, Jennie, könnte er auch *meinen* Vater abberufen, und meine liebe Vinnie, und sie in seinen Himmel holen, damit sie ewig bei ihm wohnen, aber ich werde jeden Tag meines Lebens darum beten, daß dies nicht geschehe.
Es sieht mir gar nicht danach aus, daß *meine* Freunde sterben könnten, denn ich liebe sie so sehr, daß auch, wenn der Tod sie entführte, es den Anschein hätte, als gingen sie nicht fort. Und doch – da sind Abbie

und Mr. Humphrey und viele, viele andere Teuren, die ich ebenso liebte, und *sie* weilen nicht mehr auf Erden an diesem schönen Sabbatabend. Nach und nach werden wir alle dahingehen, Jennie, aber erscheint es *wirklich* so? Neulich versuchte ich mir vorzustellen, wie ich aussehen würde mit geschlossenen Augen, in ein weißes Kleid gehüllt, mit einem Schneeglöckchen auf der Brust; und ich bildete mir ein, ich hörte, wie die Nachbarn ganz leise hereinkamen, um mein Gesicht zu betrachten – so versunken im Schlaf – so still, o Jennie, werden Du und ich wirklich so werden? Achte nicht auf mein Gerede, Liebste, ich bin ein schlimmes, verdorbenes Mädchen, daß ich so etwas sage und Dich zum Weinen bringe, aber ich denke sehr oft an das Grab, wie viel es mir bereits entrissen hat, und ob ich je werde verhindern können, daß es mir wegnimmt, was ich liebe. Das veranlaßt mich manchmal, davon zu reden, wenn ich gar nicht die Absicht habe.

Seit ich Dir zum letzten Mal schrieb, ist der Frühling gekommen – der Schnee ist beinah verschwunden, und die große, braune Erde ist damit beschäftigt, sich grün herauszuputzen – zuerst legt sie Rüschenhöschen an, dann kleine Unterröcke, dann ein Kleid in bunten Farben, und so niedliche kleine Strümpfe und Schuhe – nein, keine Schuhe, sondern winzige Gamaschen, geschnürt mit Blüten und Gras. Und ihr Haar, Jennie, ist förmlich gekrönt mit Blumen – o sie wird ein anmutiges Mädchen sein am Maientag, und sie soll *Königin* sein, wenn sie es kann! Ich wünschte, ich könnte Dir genau sagen, wie die Drosseln singen – jetzt singen sie gerade nicht, weil es ihre Schlafenszeit ist, und so schlummern sie alle tief, aber heute Morgen haben sie gesungen, denn als wir zur Kirche gingen, erfüllten sie die Luft mit solchen Melodien und sangen so köstlich, daß ich tatsächlich meinte, Jennie, ich käme nie zur Gebetsversammlung. Ich wäre am liebsten fortgeflogen und auch eine Drossel geworden!

(Susan Gilbert war eine Lieblingsfreundin und wurde 1856 die Schwägerin von E. D. Trotz schwerer Spannungen und Enttäuschungen in dieser Freundschaft, die schließlich dazu führten, daß E. D. das Nachbarhaus, das ihr Bruder Austin und seine Familie bewohnten, nicht mehr betrat, bewahrte E. D. der einst geliebten Freundin und Vertrauten eine freundschaftliche Treue.)

AN SUSAN GILBERT (DICKINSON) (um 1854)

Sue – Du kannst gehen oder bleiben. Es gibt nur eine Alternative. Wir waren in letzter Zeit so oft uneins, und dieses muß das letzte Mal sein.

Du brauchst nicht zu fürchten, daß ich einsam wäre, wenn Du mich verläßt, denn ich trenne mich oft von Dingen, die ich zu lieben glaubte – manchmal verliere ich sie an das Grab und manchmal an ein Vergessen, das bitterer ist als der Tod – daher blutet mein Herz so oft, daß mir ein weiterer Blutsturz nichts ausmacht. Ich füge lediglich eine neue Qual den früheren hinzu, und bemerke am Ende des Tages – daß eine Seifenblase zersprang!

Solche Ereignisse betrübten mich, als ich ein Kind war, und vielleicht hätte ich weinen können, wenn kleine Füße – dicht bei meinen – im Grab zum Stillstand gekommen wären, aber Augen trocknen manchmal, und das Herz wird mürbe und ausgeglüht, und es ist ihm gleich, ob es verbrennt.
Sue – danach habe ich gelebt. Es ist das zögernde Emblem des Himmels, von dem ich einst träumte, und obwohl ich alleine bleibe, wenn er mir genommen wird, und Jesus Christus, den Du liebst, an jenem jüngsten Tag vielleicht sagen wird, daß er mich nicht kennt – es gibt einen dunkleren Geist, der sein Kind nicht verleugnen wird.
Wenige wurden mir geschenkt, und wenn ich sie so sehr *vergöttere,* daß sie mir genommen werden – sag ich nur leise: *vorbei,* und die Welle erstirbt im grenzenlosen Blau, und keiner außer mir weiß, daß heute ein Mensch unterging. Es war schön, ein Stück gemeinsam mit Dir zu wandern – vielleicht ist dies der Punkt, wo sich unsere Wege trennen –, dann gehe singend weiter, Sue, und ich setze meine Reise zum fernen Hügel fort. (Darauf folgt das Gedicht »Im Frühling ein Vögelein«, S. 31.)

(Elizabeth Holland und ihr Ehemann, Dr. Josiah Gilbert Holland, waren vertraute Freunde von E. D. Dr. Holland war Redakteur am Springfield Republican. *Die Bibelzitate im 1. Absatz stammen aus der Offenbarung 3.12; 21.4 und 14.3; die Zitate im letzten Satz aus Lk 24.51.)*

AN MRS. J. G. HOLLAND (Anfang August 1856?)

Sagen Sie es nicht weiter, liebe Mrs. Holland, aber obwohl ich schlecht bin, lese ich doch manchmal in meiner Bibel. Als ich heute darin las, fand ich eine Zeile, wo es heißt, daß Freunde »nicht mehr hinausgehen« und daß »abgewischt werden alle Tränen«, und als ich mich heute Abend hinsetzte, wünschte ich, daß wir *dort* wären, nicht *hier* – und daß jene wunderbare Welt begonnen hätte, die uns soviel verheißt, und daß ich, statt Ihnen zu schreiben, an Ihrer Seite wäre und die »hundertvierzigtausend« Gerechten plauderten angenehm, ohne uns zu stören. Und ich bin halb versucht, meinen Platz in jenem Paradies einzunehmen, von dem der gute Mann schreibt, und für immer und ewig *jetzt* zu beginnen, so wundersam erscheint es mir. Meine einzige Skizze, im Profil, der himmlischen Gefilde ist ein weiter, blauer Himmel, blauer und weiter als der *größte,* den ich im Juni gesehen habe, und in ihm sind alle meine Freunde – jeder einzelne – diejenigen, die jetzt um mich sind, und diejenigen, die »dahinschieden«, während wir zusammen wanderten, und »auffuhren gen Himmel«.

Wenn Rosen nicht verwelkten und der Frost nie käme, und wenn der eine oder andere, den ich nicht erwecken konnte, gefallen wäre, hätte ich kein Be-

dürfnis nach einem anderen Himmel als jenem hier unten – und wenn Gott diesen Sommer hier gewesen wäre und die Dinge gesehen hätte, die *ich* gesehen habe, – dann hätte Er, denke ich, Sein Paradies für überflüssig erklärt. Sagen sie es Ihm aber nicht, um der Welt willen, denn nach all dem, was Er über sie gesagt hat, möchte ich doch gerne sehen, was Er wirklich für uns errichtet, ohne Hammer und Steine und noch dazu ohne Gehilfen. Liebe Mrs. Holland, ich bin voll Liebe heute – ich liebe Sie und Dr. Holland, und »Zeit und Sinn« – und vergängliche Dinge und solche, die *nicht* vergehen.
Ich bin so froh, daß Sie keine Blüte sind, denn diejenigen in meinem Garten welken, es kam »ein Schnitter, der heißt Tod«, und nahm einige mit, um sich daraus einen Strauß zu binden, und daher bin ich froh, daß Sie keine Rose sind – und ich bin auch froh, daß Sie keine Biene sind, denn wohin diese sich begeben, wenn der Sommer zu Ende geht, weiß nur der Thymian, und auch wenn Sie eine Wanderdrossel wären, würden Sie, wenn der Westwind kommt, mir eines Morgens kühl zuwinken und fortfliegen!
So glaube ich, daß ich Sie am liebsten habe als die »kleine Mrs. Holland«, und ich bin zuversichtlich, daß diese kleine Dame hier unten verweilen wird, solange wir es tun, und wenn wir mit großem Staunen das Neue Land suchen, dann wird ihr nachdenkliches Gesicht, zusammen mit dem unsrigen, als letztes auf die Hügel blicken und als erstes auf – nun ja, die *Heimat!*
Verzeihen Sie meiner Vernunft, Mrs. Holland, in einer *un*vernünftigen Welt, und behalten Sie mich

bitte lieb, denn ich möchte lieber geliebt sein, als ein König auf Erden oder ein Fürst im Himmel zu heißen.

(Samuel Bowles war ein Freund der Familie Dickinson und Herausgeber der einflußreichen Zeitung Springfield Republican.)

AN SAMUEL BOWLES (Ende August 1858?)

Meine Freunde sind mein »Vermögen«. Verzeihen Sie mir deshalb die Habsucht, mit der ich sie horte! Man sagt, daß diejenigen, die in ihrer Jugend arm waren, ein anderes Verhältnis zum Golde haben. Ich weiß nicht, wie das zugeht. Gott ist nicht so vorsichtig wie wir, sonst hätte er uns keine Freunde gegeben, damit wir ihn nicht vergessen! Die Reize des Himmels im Busch werden manchmal, wie ich fürchte, vom Himmel in der Hand übertroffen. Der Sommer stand still, seit Sie das letzte Mal hier waren. Niemand hat ihn zur Kenntnis genommen – das heißt, keine Menschen. Ohne Zweifel sind die Felder aufgewühlt vom Kummer kleiner Wesen, und »Trauernde wandeln« in den Wäldern. Doch das ist nicht unsere Sache. Wir haben wahrlich genug zu tun mit unserer feierlichen Auferstehung! Eine besondere Aufmerksamkeit, finde ich, nach all dem, was die Geistlichen sagen! Dem »natürlichen Menschen« würden die Hummeln als Fortschritt erscheinen und als ein Vorgeschmack auf die Vögel, aber ferne sei es von mir, solch majestätischen Geschmack in Zweifel zu ziehen. Unser

Pastor sagt, wir seien ein »Wurm«. Wie läßt sich das in Einklang bringen? Der »eitle, sündige Wurm« gehört möglicherweise einer anderen Spezies an. Meinen Sie, daß wir »Gott schauen« werden? Denken Sie an Abraham, der sich heiter lustwandelnd mit ihm ergeht!
Bei uns ist jetzt die zweite Heumahd. Die Heuhaufen sind kleiner als die ersten und würziger.

(Annie ist die zehnjährige Tochter der Hollands.)

AN DR. UND MRS. J. G. HOLLAND (Sommer 1862?)

Liebe Freunde, ich schreibe Euch. Ich bekomme keinen Brief. Ich sage mir: »Sie ehren mein Vertrauen«. Ich zweifle nicht daran. Ich komme wieder. Kardinäle würden das nicht tun. Gassenkinder würden das nicht tun, aber ich kann nicht *aufhören,* in einer Welt zu stolzieren, in der die Glocken läuten. Ich höre von einem Besucher in der Stadt, daß es Mrs. Holland nicht gut gehe. Der kleine Pfau in mir befiehlt, daß ich mich nicht wieder erkundigen solle. Aber dann denke ich an meine kleine Freundin – wie winzig sie ist – wie lieb sie ist, und der Pfau stirbt ganz dahin. Sie brauchen ja nicht zu sprechen, vielleicht sind Sie müde ..., wenn Sie gesund sind, lassen Sie Annie ein Bildchen mit einer aufrecht stehenden Blume für mich malen. Sind Sie aber krank, kann sie die Blume ein wenig zur Seite hängen lassen!
Dann weiß ich Bescheid, und Sie brauchen sich nicht die Zeit zu nehmen, mir einen Brief zu schreiben.

Vielleicht lachen Sie mich aus! Vielleicht lachen auch die ganzen Vereinigten Staaten über mich! Ich kann trotzdem nicht aufhören! Mir obliegt es zu lieben. Heute Morgen fand ich einen Vogel unten – ganz unten am Ende des Gartens, und fragte – wozu singen, da dich doch niemand *hört?*
Ein Schluchzen in der Kehle, ein Pochen in der Brust – »Mir obliegt es zu *singen!*« – dann flog er fort. Weiß ich denn, ob nicht die Engel selbst ebenso geduldig lauschten und seinem ungehörten Lobgesang nicht Beifall spendeten?

(Thomas Wentworth Higginson, E. D.s literarischer Mentor, war Schriftsteller und Theologe. Ihre Korrespondenz beginnt am 15. April 1862 und endet erst mit E. D.s Tod.)

An T. W. Higginson (Juni 1869)

Lieber Freund! Ein Brief gibt mir immer das Gefühl von Unsterblichkeit, weil er reiner Geist ist ohne körperhaften Freund. In unseren Reden sind wir abhängig von Attitüde und Tonfall, und daher scheint dem Gedanken, der alleine daherkommt, eine geisterhafte Kraft innezuwohnen. – Ich will Ihnen für Ihre große Freundlichkeit danken, versuche jedoch nie, die Worte aufzuheben, die ich nicht halten kann.
Sollten Sie nach Amherst kommen, könnte es mir gelingen, obgleich Dankbarkeit der schüchterne Reichtum derer ist, die nichts besitzen. Ich bin sicher, daß Sie die Wahrheit sagen, weil edle Menschen das tun,

aber Ihre Briefe überraschen mich immer. Mein Leben war zu einfach und zu streng, als daß es irgend jemanden in Verlegenheit bringen könnte.
»Im Angesicht der Engel« – dafür trage ich kaum die Verantwortung.
Es ist schwierig, an einem so schönen Ort nicht eine Fiktion zu sein, aber die strengen Korrekturen der Prüfung werden allen zugestanden.
Ich erinnere mich, daß ich einmal als kleines Mädchen diese bemerkenswerte Stelle hörte und die »Kraft« vorzog, da ich damals nicht wußte, daß »Reich« und »Herrlichkeit« mit dazugehörten.
Sie bemerkten, daß ich alleine lebe – für eine Emigrantin ist jedes Land ein leerer Begriff außer dem eigenen. Sie sprechen freundlich davon, daß Sie mich sehen möchten. Wenn es Ihnen angenehm wäre, nach Amherst zu kommen, würde ich mich sehr freuen, aber ich übertrete das Grundstück meines Vaters nicht, um in irgendein Haus oder eine Stadt zu gehen.
Unserer größten Taten sind wir unbewußt.
Sie wußten nicht, daß Sie mir das Leben gerettet haben. Ihnen persönlich zu danken, war seither eines meiner wenigen Anliegen. Das Kind, das mich um eine Blume bittet, sagt: »Bitte, gib«, und so weiß auch ich nicht anders darum zu bitten, was ich haben möchte, als: »Bitte, geben Sie.«
Sie werden alles entschuldigen,was ich sage, nicht wahr, da kein anderer mich unterwies? Dickinson

(Im August 1870 besuchte Higginson E. D. zum ersten Mal in Amherst. Er berichtete seiner Frau von der merkwürdig intensiven Begegnung: »Ich war nie mit einem Menschen zusammen, der meine Nervenkraft derart erschöpfte. Ohne daß ich sie berührte, zehrte sie an mir.« Er notierte sich nach dem Gespräch u. a. folgende Aussprüche von Ihr:)

Frauen reden, Männer schweigen – deshalb graut mir vor Frauen.

Wenn ich ein Buch lese und mein ganzer Körper so kalt wird, daß kein Feuer mich erwärmen könnte, dann weiß ich, *das* ist Dichtung. Wenn ich das körperliche Gefühl habe, als ob mir der Schädel abgerissen würde, weiß ich, *das* ist Dichtung. Ich erfahre es nur auf diese Weise. Gibt es denn eine andere?

Wie können die meisten Menschen nur ohne Gedanken leben? Es gibt viele Menschen auf der Welt. (Sie müssen sie auf der Straße bemerkt haben). Wie leben sie nur? Woher nehmen sie die Kraft, morgens ihre Kleider anzuziehen?

Die Wahrheit ist etwas so Seltenes, daß es ein Vergnügen ist, sie auszusprechen.

Leben ist für mich Ekstase – das bloße Gefühl, am Leben zu sein, ist Glück genug.

Ist es Vergessen oder Vertiefung, wenn Dinge unserem Denken entfallen?

Können Sie mir sagen, was Heimat ist?
Ich hatte nie eine Mutter. Ich denke, eine Mutter ist jemand, zu der man hinlaufen kann, wenn man Kümmernisse hat.

(Aus einem Brief an Higginson vom August 1862:)
Als kleines Mädchen war ich viel in den Wäldern, und man sagte mir, daß eine Schlange mich beißen würde, daß ich eine giftige Blume pflücken oder daß Kobolde mich entführen könnten, aber ich ging trotzdem hin und begegnete nur Engeln, die viel mehr Scheu vor mir hatten als ich vor ihnen. Daher habe ich kein solches Vertrauen zum Betrug wie viele andere.

(Mit ihren Cousinen Louise und Frances Norcross war E. D. zeitlebens in zärtlicher Freundschaft verbunden.)

An Louise und Frances Norcross

(Ende April 1873)

In der Kirche findet eine sogenannte »Erweckung« statt, und ich weiß mir keine größere Wonne, als Mrs. ... jeden Morgen in schwarzer Trauerkleidung anrollen zu sehen, vermutlich um den Antichrist einzuschüchtern. Diese Wirkung hätte sie jedenfalls auf mich ...
Der Frühling ist ein Glück, so schön, so einzigartig, so unverhofft, daß ich nicht weiß, was ich mit mei-

nem Herzen anfangen soll ... Das Leben ist ein so zauberhafter Bann, daß alles sich verschwört, um ihn zu brechen.

(Edward Dickinson, E.D.s Vater, starb am 16. Juni 1874 in Boston nach einem Schwächeanfall. E.D. schrieb nach seinem Tod an Higginson: »Sein Herz war rein und schrecklich, und ich glaube, daß kein ähnliches existiert.«)

AN LOUISE UND FRANCES NORCROSS (Sommer 1874)

Ihr entsinnt Euch meiner vielleicht nicht, Ihr Lieben. Ich kann mich selbst nicht auf mich besinnen. Ich dachte, ich sei stark, aber dieses Stärkere hat mich untergraben.

Wir saßen am 15. Juni beim Abendbrot, als Austin hereinkam. Er hielt eine Depesche in der Hand, und ich sah seinem Gesicht an, daß wir alle verloren waren, wußte jedoch nicht, weshalb. Er sagte, Vater sei schwer erkrankt und er und Vinnie müßten zu ihm fahren. Der Zug war bereits abgefahren. Während die Pferde angeschirrt wurden, kam die Nachricht von seinem Tod.

Vater wohnt jetzt nicht mehr bei uns – er wohnt in einem neuen Haus. Obwohl es in nur einer Stunde erbaut wurde, ist es ein besseres als dieses. Er hat keinen Garten, weil er umzog, als die Gärten schon angelegt waren. Deshalb bringen wir ihm die schönsten Blumen, und wenn wir nur wüßten, daß er es weiß, könnten wir vielleicht aufhören zu weinen.

... Ich kann nicht mehr schreiben, Ihr Lieben. Obwohl schon viele Nächte vergangen sind, findet mein Gemüt nicht nach Hause zurück. Ich danke Euch beiden für Eure Liebe, obgleich ich nicht imstande war, mich dafür erkenntlich zu zeigen.

(Samuel Bowles starb am 16. Januar 1878 an den Folgen langjähriger Überarbeitung. Das »Edelstein-Kapitel« bezieht sich vermutlich auf Offenbarung, Kap. 21, das auch E. D. sehr liebte und das in verschiedene ihrer Gedichte Eingang fand.)

AN MRS. SAMUEL BOWLES (um den 16. Januar 1878)
Ich eile zur dir, Mary, weil kein Augenblick zu verlieren ist, wenn ein Herz bricht, denn obgleich es schon so lange brach, geschieht es jedesmal von neuem, wenn es wahrhaft bricht. Daß Du mir erlaubt hast, zu Dir zu sprechen, war so großmütig von Dir, Du Liebe.
Der Kummer weist die Liebe oft zurück, er ist so wund.
Ich bin froh, wenn meine gestammelten Worte Dir geholfen haben. Ich hatte mir nicht so viel erhofft. Als ich an Deinen großen Schmerz dachte, fühlte ich mich so ohnmächtig, während ich schrieb. Die Liebe macht uns »himmlisch«, ohne daß wir uns im mindesten darum bemühen müssen. Sie ist leichter als der Heiland – sie bleibt nicht im Himmel und ruft uns nicht zu sich in die Ferne. Ihr leises »Kommet her zu mir« ertönt überall. Sie begeht nur einen Fehler, sie

sagt uns, sie sei »Ruhe«. Vielleicht ist ihr Bemühen Ruhe; doch was wir nicht gewußt haben, werden wir wieder wissen, dieses göttliche »Wieder«, das alle so atemlos erwarten.
Ich bin froh, daß Du »arbeitest«. Arbeit ist ein trauriger Erlöser, aber sie erlöst wirklich. Sie ermüdet das Fleisch, so daß dieses den Geist nicht bedrängen kann.
Der liebe »Mrs. Sam« ist uns in diesen Tagen mitten im Winter sehr nahe. Wenn am Nachmittag ein purpurrotes Licht über Pelham erscheint, sagen wir: »Mr. Bowles' Farben.« Ich sprach zu ihm einmal von seinem »Edelstein-Kapitel«, und seine schönen Augen blickten empor, bis sie außer Reichweite der meinen waren – in einer geheiligten Tiefe.

(Martha Gilbert Smith ist die Schwester von E. Ds Schwägerin Susan Gilbert Dickinson. Ihr Ehemann, John Williams Smith, starb am 2. Dezember 1878. Ein kleiner Sohn war bereits 1861 und eine Tochter 1865 verstorben.)

An Martha Gilbert Smith (Ende Dezember 1878)
Mattie – ein getreuliches »Es tut mir so leid« kann manchmal ein Herz retten, wenn jeder andere Erlöser versagt – ich möchte Dich an der Hand nehmen und Dir sagen, daß die Liebe bestehen bleibt, obwohl sie uns in manchen furchtbaren Augenblicken unbekannt wird.
Wir sind ewig, Liebe, und das scheint jetzt wenig

Wert zu haben – aber nach und nach wird es das Einzige sein, woran wir uns erinnern –, weil die Ewigkeit die Unsrigen in Besitz genommen hat und sie wieder herausgeben muß –

Die Edlen können nicht von zu Hause fortgehen – und der Deine war edel –

Wenn Du ihn gesehen hast, Liebe, und das wird sicherlich geschehen – werden diese Augenblicke verwandelt werden –

Ich bin froh, daß Du Dein Töchterchen hast – sie wird Balsam für Dich sein – und denke auch an Deinen Jungen und Dein Mädchen, die jetzt bei ihrem Vater sind.

Was für eine Erwartung!

Lächle, Liebe, um ihretwillen, denen Du einen »Vater im Himmel« gegeben hast –

Mir ist dieses Wort liebgeworden, seit ich den meinen hingab –

In herzlicher Liebe – Emily

(Emily Norcross Dickinson, E. D.s Mutter, starb am 14. November 1882 nach vierjährigem Krankenlager.)

An Louise und Frances Norcross

(Ende November 1882)

Liebe Cousinen! Ich hatte gehofft, Euch früher zu schreiben, aber Mutters Sterben betäubte fast meinen Geist.

Ich habe einige liebevolle Anfragen beantwortet, jedoch wenig Intuitives geschrieben. Sie war kaum noch die Tante, die Ihr gekannt habt. Die große Mission des Schmerzes war angenommen und durch ständiges Leiden in Liebe veredelt worden, so daß eine größere Mutter starb, als wenn sie früher gestorben wäre. Es war kein irdischer Abschied. Sie entglitt unseren Händen wie eine vom Wind aufgefangene Schneeflocke und ist jetzt ein Teil des Schneetreibens, das man »Unendlichkeit« nennt.

Wir wissen nicht, wo sie ist, obwohl so viele es uns sagen.

Ich glaube, daß unser Schöpfer uns auf irgendeine Weise liebevoll umhegt, und daß der Eine, der uns diese bemerkenswerte Erde schenkte, auch die Macht besitzt, denen, deren Urheber er ist, mit weiteren Überraschungen aufzuwarten. Darüber hinaus ist alles Schweigen ...

Mutter war sehr schön, als sie gestorben war. Engel sind ehrfurchtgebietende Künstler. Der Glanz, der nur einmal kommt, verweilte auf ihren Gesichtszügen, und als man sie ins Grab legte, war es, als würde man ein Gemälde verbergen. Doch der Rasen, der Vater aufnahm, wird auch seinem Gast genügen, der Frau, die er vor dem Altare bat, sein lebenslanger Gast zu sein.

Ich weiß nicht, wie die Ewigkeit ist. Sie umbrandet mich wie das Meer ... Ich danke Euch, daß Ihr meiner gedacht habt. Gedenken – welch ein mächtiges Wort!

Susanne Schaup

Henry Thoreau
Leben aus den Wurzeln
Band 655, 112 Seiten, 6. Aufl.

Martin Luther King
Ein Traum lebt weiter
Band 1285, 160 Seiten

Walt Whitman
Ich rufe Erde und Meer an
Band 1514, 128 Seiten

Wo Leben wieder menschlich wird
An der Schwelle des New Age –
Alternatives Leben in Amerika
Band 1207, 128 Seiten

Wandel des Weiblichen
Der Aufbruch der Frau ins New Age
Band 1534, 160 Seiten